Originalausgabe
1. Auflage: November 2010
© Edition Butterbrot
Rozsika Farkas
Clemensstraße 26
80803 München

Fotos:
© Rozsika Farkas
ISBN 978-3-9813469-1-6

www.armaberbio.de / www.arm-aber-bio.de

Rosa Wolff

Arm aber Bio!
Das Kochbuch

Feine Öko-Küche
für wenig Geld

Edition Butterbrot

Bio für wenig Geld – geht das überhaupt?

»Arm« und »Bio«, das klingt nach scheinbar unvereinbaren Gegensätzen: Auf einer Seite die gesunde, umweltfreundliche, aber teure Öko-Kost – die man sich leisten können muss. Auf der anderen Seite der Geldmangel, der einen nötigt, nach billiger Fertigkost zu greifen.

Wäre schade, wenn es wirklich so wäre! Wäre ziemlich unfair, wenn fair erzeugte und fair gehandelte Produkte Begüterten vorbehalten blieben.

Doch die Gleichung »bio = teuer, konventionell = billig« stimmt so nicht. Zum Glück gibt es ausreichend Grundzutaten, die auch in Bio-Qualität für jeden erschwinglich sind und aus denen sich eine Fülle von ausgezeichneten Gerichten herstellen lässt.

Einzige Voraussetzung: Man muss bereit sein zu kochen. Lohn der Mühe: die Gewissheit, am Ende ein grundgutes Essen auf dem Teller zu haben, ohne dubiose Zusatzstoffe. **Gute Zutaten, mit Liebe und Sorgfalt zubereitet – besser kann Essen doch nicht sein!**

Aber ist Bio wirklich nötig? Sind die bei uns angebotenen Lebensmittel nicht grundsätzlich von tadelloser Qualität, unbedenklich zu genießen?

In der Tat: Die meisten bei uns konventionell, also mit Hilfe von Chemie erzeugten Lebensmittel halten korrekt die Schadstoffgrenzwerte ein, unterschreiten sie häufig deutlich.

Aber: Erstens erbringen Untersuchungen regelmäßig das wenig verwunderliche Ergebnis, dass die Schadstoffmengen in ökologisch erzeugten Lebensmitteln noch um einiges niedriger liegen als in konventionellen, und **weniger Gift ist ja wohl immer die bessere Wahl.**

Zweitens: Auch wenn die eingesetzten Chemikalien im Getreide oder Gemüse kaum noch nachweisbar sind – sie sind in der Welt, wurden auf oft umweltschädliche Weise hergestellt. **Es geht doch** nicht nur darum, selbst gesund zu essen, sondern auch darum, unseren Nachkommen keinen komplett ruinierten Planeten zu hinterlassen.

Denn auch das ergeben Untersuchungen mit schöner Regelmäßigkeit: Bio-Lebensmittel belasten bei ihrer Herstellung Umwelt und Klima weitaus weniger als konventionelle.

Ab sofort nur noch Bio – ist das möglich?

Wenn von einem Tag auf den anderen alle achtzig Millionen Deutschen ausschließlich Bio-Lebensmittel kaufen wollten, entstünde, gelinde gesagt, ein Engpass. Insofern ist eine Total-Umstellung von jetzt auf gleich nicht möglich.

Andererseits: Seien wir Realisten, versuchen wir das Unmögliche! Je mehr die Nachfrage nach Öko-Ware steigt, desto mehr Erzeuger fühlen sich ermutigt umzustellen, desto mehr rückt das »Bio für Alle« in Reichweite.

Jeder kleine Schritt in die richtige Richtung ist ein Gewinn. Der allererste Schritt könnte / sollte sein, auf Fleisch aus Massentierhaltung zu verzichten.

Wobei das Wort »Verzicht« es eigentlich ganz und gar nicht trifft. Lebewesen Quälereien zu ersparen – ist das Verzicht? Das Ergebnis solcher Quälereien künftig nicht mehr zu essen – ist das wirklich Verzicht?

Von allem, was wir konsumieren, kommt uns nichts näher als das, was wir verspeisen. Wir verleiben es uns ein, es wird ein Teil von uns. Das Eiweiß füttert unser Hirn und unsere Muskeln, Kohlehydrate und Fett halten unseren Organismus am Laufen, setzen sich auch mal als Pölsterchen auf die Hüften. Unerwünscht, mag sein, aber doch Teil von uns.

Sehen wir also zu, dass das, was wir in uns aufnehmen, von guter Qualität ist – und auch auf gute Weise hergestellt. Dass es nicht Ergebnis von Ausbeutung, Umweltzerstörung und Tierquälerei ist. Um mehr geht es nicht.

Zu den Rezepten

Die Rezepte sind meist für eine kleine **Personenzahl** berechnet, häufig für Zwei. Habe ich kein Herz für Großfamilien? Nicht doch! Es ist für Sie nur ungleich leichter, die Rezepte zu verdoppeln oder zu verdreifachen, als sie auf eine kleinere Personenzahl herunterzurechnen und es dann mit halben Eiern oder Zwiebelvierteln zu tun zu haben. Deshalb habe ich die Rezepte so angelegt, dass sie nach Möglichkeit auch für ein oder zwei Personen gut machbar sind. Sie **vervielfachen** die Menge dann, wie Sie es brauchen.

Außerdem habe ich mich sehr bemüht, die Rezepte **schlicht** zu halten, ohne allzu lange Zutatenlisten, durch die Sie genötigt wären, massenhaft Zutaten heranzuschaffen, die Sie dann nicht aufbrauchen.

Möglichst wenige Zutaten also, aber die von bester Qualität und absolut passend kombiniert, dazu eine möglichst unkomplizierte Zubereitung. Das ist schon alles – und das ist letztlich **das Geheimnis guter Küche.**

Zwar sind unter den Rezepten eine ganze Reihe Eigenkreationen. Aber viele Gerichte habe ich auch »adaptiert«, also mich bemüht, bewährte und beliebte Gerichte an die Bedingung »wohlschmeckend, bio, unkompliziert und günstig« anzupassen, habe herumgetüftelt und ausprobiert, wie weit man sie vereinfachen kann, ohne dass sie an Charme verlieren.

Dabei habe ich mich durchaus auch von traditionellen Herstellungsmethoden entfernt. Ein marokkanischer Hofkoch mag sich über meine Art, Couscous zuzubereiten, wundern, denn ich verwende nicht klassische Gerätschaften wie die Couscoussière und lasse auch die eine oder andere Zutat weg. Trotzdem, das versichere ich Ihnen, SCHMECKT mein Gemüse-Couscous *(Rezept Seite 135)*. Es schmeckt sogar ziemlich gut, obwohl es wenig kostet und kaum Arbeit macht.

Beispiel Kürbisgnocchi: Üblich ist, den Kürbis im Backofen weich-zugaren, was eine bis eineinhalb Stunden dauern kann und im-mens viel Energie verschlingt, ohne dass damit das Gericht fertig wäre. Ich koche statt dessen den Kürbis in sehr wenig Wasser; den höheren Feuchtigkeitsgehalt gleiche ich aus, indem ich das übliche Ei weglasse und freue mich, dass ich auf diese Weise auch Veganer bedienen kann. Also: Weniger Energie, weniger Zeitauf-wand, weniger Zutaten – trotzdem köstliches Ergebnis.

Neben zahlreichen unkomplizierten Rezepten befinden sich auch eine Handvoll anspruchsvollerer Rezepte, die zwar – wie alle Rezepte in diesem Buch – wenig Geld, dafür aber ein **geübtes Händchen** erfordern. Ich hoffe, Sie finden Spaß daran!

Fisch und Fleisch

Das vorliegende Buch ist kein vegetarisches Kochbuch. Dennoch sind die weitaus meisten Rezepte **vegetarisch**, eine ansehnliche Anzahl sogar **vegan**, also rein pflanzlich. Es gibt eben aber auch Fisch- und Fleischrezepte – in denen der Fisch/Fleischanteil aller-dings meist geringer ist als üblich. Nicht nur aus Kostengründen. Sondern aus Überzeugung.

Die Preise

Preise variieren stark, je nach Laden, Region und Jahreszeit, das ist nun mal so. Deshalb sind alle Angaben nur Anhaltspunkte.

Wenn es, beispielsweise bei Mehl, Hülsenfrüchten oder Milch-produkten, verschiedene Hersteller gibt, bin ich vom günstigsten Angebot ausgegangen, habe aber zur Sicherheit ein bisschen nach oben aufgerundet.

Bei Basis-Zutaten wie Karotten oder Kartoffeln bin ich vom Durchschnittspreis in den mir bekannten Bioläden ausgegangen. Im Sonderangebot werden Sie manchmal etwas noch günstiger bekommen. Hin und wieder wird etwas auch teurer sein.

Teuerstes Gericht in diesem Buch ist ein Hühner-Curry – mit ei-nem Preis von gerade mal **2,50 Euro pro Person.**

Kleine Warenkunde / Vorratstipps

Salz

Es gibt kein Bio-Meer und folglich auch kein Bio-Meersalz. Naturbelassenes Meersalz, ohne »Rieselhilfen« und sonstige Zusätze, bekommen Sie für sehr wenig Geld in italienischen, griechischen oder türkischen Läden. Ich kaufe Salz – feines und grobes Meersalz, völlig unbehandelt – in Kilopackungen zu 28 Cent beim Italiener.

Pfeffer

Sie kommen in der Regel mit schwarzem Pfeffer aus. Eine Mühle, die die Körner mehr oder weniger fein mahlt, sollten Sie haben.

Essig

Um Essig wird zur Zeit ein Mordsgetue gemacht, und manche teure Sorte dient fast als Statussymbol. Nichts gegen edlen Balsamico – doch für die meisten Gerichte tut es auch Apfelessig oder schlichter Weißweinessig. Wenn etwa ein Schmorgericht oder Eintopf langweilig schmeckt, kann ein winziger Schuss Essig Wunder wirken.

Öl

Gutes **Olivenöl** ist nicht billig und sollte deshalb nicht verschwendet werden. Zum Braten nehmen Sie besser mildes Sonnenblumen- oder Rapsöl. Das ist preisgünstiger und auch hitzestabiler. Ich mache es inzwischen grundsätzlich so: Zum Kochen, Dünsten, Braten nehme ich zunächst das neutrale Öl und verfeinere erst das fertige Gericht mit einem Schuss Olivenöl. Auf diese Weise brauche ich geringe Mengen, im Gegenzug gönne ich mir beste Qualität (bei der Preisberechnung für die einzelnen Rezepte habe ich für Olivenöl einen Literpreis von 20 Euro zugrunde gelegt, dafür bekommen Sie wirklich was Gutes). Erfreulicherweise ist Olivenöl gut haltbar – auch weit über das Mindesthaltbarkeitsdatum hinaus. Es wird mit der Zeit nur milder und verliert die anfängliche Schärfe.

Für jemanden, der häufig asiatisch kocht, lohnt es sich, ein

Fläschchen geröstetes **Sesamöl** anzuschaffen, für Liebhaber der österreichischen, insbesondere der steirischen Küche sollte ein Flascherl steirisches **Kernöl** drin sein. Köstlich, aber auch kostspielig, ist **Walnussöl**, das, in kleinen Mengen hinzugefügt, Salatmarinaden verfeinert. Jedes dieser Öle ist jedoch begrenzt haltbar, und wenn es erst einmal seifig riecht oder regelrecht ranzig, macht die Sache keinen Spaß mehr. Entscheiden Sie sich also lieber für nur eine Sorte, die Sie dann auch wirklich rechtzeitig aufbrauchen.

Senf

Die würzige Paste taugt zu wesentlich mehr als nur zum Würstchen-Stippen. Senf gehört, auch in feinster Qualität, zu den absolut bezahlbaren Kostbarkeiten. Eine winzige Menge davon rundet zahlreiche Speisen ab und verleiht ihnen ein vielschichtigeres Aroma. Im Kühlschrank aufbewahrt, hält Senf sehr lange. Ist er Licht und Wärme ausgesetzt, entwickelt er mit der Zeit ein unattraktives stumpfes Aroma.

Gemüsebrühwürfel

Alles selber kochen ist gut und erstrebenswert, doch Brühwürfel machen das Leben leichter. Deshalb dürfen die kleinen Helferlein bei mir nie ausgehen. Ärgerlich allerdings, dass auch Bio-Hersteller gern mit Hefeextrakt arbeiten – nichts anderes als ein Geschmacksverstärker, der aber nicht als solcher deklariert zu werden braucht. Leider sind nur wenige Gemüsebrühen ausdrücklich als »hefefrei« deklariert. Fragen Sie im Laden nach hefefreier Brühe – schon aus pädagogischen Gründen.

Hefe

Als ich anfing, Brot selber zu backen, fand ich, dass ein ungebührlich großer Teil des Gesamtpreises auf Hefe oder Sauerteig fiel. Also habe ich ein wenig experimentiert und festgestellt, dass wesentlich geringere Mengen, als auf den Packungen angegeben, ausreichen, um den Teig gehen zu lassen. Unter Umständen dauert es ein bisschen länger, bis der Teig hochgeht. Inzwischen hebe ich immer, wenn ich backe, vom Hefe- oder Sauerteig ein faustgroßes Stück auf und bewahre es in einer Dose im Kühlschrank auf. Beim nächsten Mal verrühre ich diesen Teigrest mit etwas lauwarmem Wasser und habe so bereits den Ansatz für den neuen Teig.

Trotzdem habe ich für alle Fälle, sicher ist sicher, immer ein Tütchen Trockenhefe in Reserve. Bei aller grundsätzlichen Liebe zu Frischware ist mir die lieber, weil sie im Gegensatz zum Hefewürfel aus dem Kühlregal nicht verdirbt und spontane Back-Aktionen ermöglicht.

Nüsse

Sie sind wertvollste Nahrung – und haben ihren Preis. Verkommen dürfen die Schätzchen also keinesfalls. Kaufen Sie deshalb begrenzte Mengen. **Walnüsse** sind Sensibelchen, deshalb sollten Sie sie samt Schale kaufen, dort sind sie geschützter. Sie länger als bis zum Frühjahr nach der Ernte aufzuheben, ist zumindest ein Risiko.

Robuster sind **Haselnüsse**. Davon kaufe ich ein halbes oder ganzes Pfund und röste sie ohne Fettzugabe in einer großen Pfanne. Die Pfanne rüttle ich ab und zu, um die Nüsschen zu wenden, und wenn sie zu duften beginnen, schalte ich aus und lasse sie abkühlen. Erst wenn sie vollständig ausgekühlt sind, ziehen sie in eine Dose um, wo sie auf ihren Einsatz, z.B. im Müsli warten.

Auch **Mandeln** gehören zu den absoluten Kostbarkeiten, sie sind gewissermaßen leckere Medizin und können, ebenso wie Walnüsse, Herzkrankheiten vorbeugen. Wie Haselnüsse sind sie recht stabil, ein kleines Päckchen als Vorrat kann also nicht schaden. Vielleicht gibt es dann bei Ihnen ab und zu toskanische Mandelkekse *(Rezept Seite 216)*.

Reis / Nudeln / Zucker / Mehl / Hülsenfrüchte

Kaufen Sie keine Riesenmengen, die jahrelang nicht aufgebraucht werden, sonst locken Sie Mehlmotten an. Und: Ignorieren Sie das aufgedruckte Haltbarkeitsdatum, es ist nicht wirklich von Belang *(siehe auch Seite 33)*.

Konserven

Dosentomaten, vielleicht auch ein Glas Bohnen oder Kichererb-sen, sind sinnvolle Vorräte für spontane, schnelle Küche. Auch hier gilt: Achten Sie gar nicht auf das aufgedruckte Datum, son-dern nur darauf, ob die Dose intakt ist: ohne Knicke, ohne rostige Stellen.

Tiefgekühlte Lebensmittel

Werden direkt nach der Ernte oder nach dem Fang eingefrorenen, behalten also ihre inneren Werte eher als manche sogenannte Frischware. Das spricht für sie. Brauchen enorm viel Energie, das spricht gegen sie. Da aber so ziemlich jeder Kühlschrank ein Tief-kühlfach hat – und dieses wiederum am meisten Strom verbraucht, wenn es leersteht, kann es nicht ganz verkehrt sein, darin einen kleinen nützlichen Vorrat zu horten. Zum Beispiel ein Päckchen Blattspinat und ein Paket Blätterteig, damit lassen sich schnelle Teigtaschen machen *(Rezept Seite 145)*. Und: Sie können die Energie fürs Tiefkühlen beim Kochen wieder einsparen, indem Sie von energieaufwendigen Speisen wie lange köchelnden Schmor-gerichten gleich die doppelte Menge machen und einfrieren.

Obst / Gemüse

Meiden Sie, soweit es möglich ist, Großpackungen. Kaufen Sie nur, was Sie tatsächlich im Moment brauchen. Es wäre jammer-schade, um alles, was verdirbt.

Nützliche Hilfsmittel

Wer alles selbst zubereitet, hat viel zu schnippeln und zu reiben. Ohne **Mixer** oder **Pürierstab** wäre das um einiges beschwerlicher. Gerade für eine schnelle Gemüsesuppe sind die rasanten Zerkleinerer eine echte Hilfe. Wer elektrisches Gerät verschmäht, kann auf die gute alte **Flotte Lotte** auszuweichen. Damit haben unsere Omas und Uromas auch gute Cremesuppen hingekriegt.

Sehr hilfreich, um Gewürze kleinzukriegen: ein **Mörser**. Schließlich schmecken Kümmel & Co. viel intensiver, wenn sie nicht in gemahlenem Zustand eine Ewigkeit im Gewürzregal warten, sondern erst unmittelbar vor ihrem Einsatz zerrieben werden.

Unentbehrlich zum Zerkleinern von Rohkost, auch zum Abraspeln von Zitronen- oder Orangenschale oder zum Reiben von Käse, ist eine Reibe, am besten eine mit einer feinen und einer groben Seite.

Unnötige Hilfsmittel

Alufolie: Die Herstellung von Aluminium verbraucht unfassbare Mengen an Energie und ist eine ziemlich giftige Schweinerei. **Frischhaltefolie** ist im Vergleich zu Alufolie weniger schädlich, und lange dachte ich, ich hätte schon genug getan, indem ich Alu durch Kunststoff ersetzt habe. Bis ein Leser meinen »hohen Verbrauch an Plastikfolie« monierte. Recht hat er! Denn seitdem achte ich verstärkt darauf, die Folie nur einzusetzen, wenn es wirklich nötig ist und habe festgestellt, dass es oft genug reicht, einfach einen **Deckel** auf etwas zu legen.

Für alle **Kunststoffe** gilt: Sie sollten nicht warm oder gar heiß werden, weil sonst Weichmacher und andere Partikel herausgelöst werden und sich frech in Ihrem Organismus einnisten.

Seien Sie anspruchsvoll!

Auch oder gerade wenn Sie wenig oder sehr wenig Geld haben, sollten Sie keinesfalls von Ihren Qualitätsansprüchen abrücken, sondern sie sogar kultivieren.

Wie das gemeint ist? Natürlich nicht so, dass Sie darauf beharren sollten, sich Trüffel und Hummer einzuverleiben. Sondern dass Sie auch bei den bescheidensten, einfachsten Speisen auf Zutaten bester Qualität bestehen.

Ein frisch gebackenes, außen knuspriges und innen saftiges Brot mit einem feingewürzten Aufstrich ist entschieden attraktiver und leckerer als ein lieblos zubereiteter zäher Hummer, zu dem staubiges Fabrik-Baguette gereicht wird.

Ich weiß, wovon ich rede. Durch meine Arbeit bin ich viel in der Gastronomie unterwegs, und gerade in der Mittelklasse mit Drang nach Höherem gibt es bisweilen aufgemaschelte Gerichte, bei denen sogenannte Luxus-Zutaten wie eben Hummer oder Edelfisch so zubereitet werden, dass sie wenig Freude machen. Was für eine Verschwendung von Ressourcen! Dann doch lieber erwähntes gutes Brot.

Beispiel Bruschetta: Der beliebte kleine Happen beim Italiener ist in Restaurants nicht immer ein Genuss. Labbriges Fabrikbrot mit Dosentomaten und geschmackfreiem Öl – so etwas kommt leider immer wieder mal vor. Das bekommen Sie zuhause für ganz wenig Geld besser hin *(Rezept Bruschetta Seite 37)*.

Zum Anspruch gehört auch, dass Gemüse und vor allem Obst nach etwas schmecken. Das ist nicht unbedingt eine Frage des Preises. Beispiel Kirschen: Sie werden immer größer und fester und teurer, aber wenn man blind in sie hineinbeißt, würde man wenig mehr feststellen, als etwas fade Süße. Aroma: Fehlanzeige.

Nicht anders bei Erdbeeren oder Zwetschgen. Der mehlige Pfirsich ist längst Standard, an der mehligen Kirsche wird noch gearbeitet. Das Aroma hat man ihr immerhin schon ausgetrieben. Die besten Kirschen, die ich vergangenen Sommer gegessen habe, gab es an einem Straßenstand am Bodensee. Sie waren tiefschwarz, für heutige Verhältnisse eher kleinwüchsig und lagen aschenputtel-gleich neben viel größeren, protzigen und teureren Exemplaren. Aber als ich eine probierte, schmeckte sie unvergleichlich gut, mit intensivem Aroma, köstlicher Süße und angenehm pikanter Säure.

Im Bioladen sind Obst und Gemüse häufig besser im Geschmack. Eine hundertprozentige Garantie für bestes Aroma bietet der Bio-anbau aber leider auch nicht. Kann sein, dass Sie vorgestern super-aromatische Zwetschgen erwischt haben, aber die nächste Liefe-rung völlig geschmackfrei ist.

Deshalb: Kaufen Sie Früchte möglichst nicht abgepackt, Sie haben keine Chance, sich über den Geschmack kundig zumachen. Bitten Sie am Marktstand freundlich, eine Kirsche oder Zwetschge pro-bieren zu dürfen, in der Regel wird man es Ihnen gestatten. Bei Äpfeln und Birnen, zugegeben, ist das schwieriger. In Läden mit Selbstbedienung zupfe ich mir schon mal ein Träublein ab oder picke mir eine Kirsche heraus, um den Geschmack zu prüfen.

Ich hege den Verdacht, dass Obst, welches nach nichts schmeckt, auch sonst arm an Inhaltsstoffen ist. Es zu kaufen, wäre also pure Verschwendung.

Die Rezepte

Brot – die elementarste Speise

Getreide ist weltweit das wichtigste Lebensmittel. Zweieinhalb Milliarden Tonnen wurden im Jahr 2009 weltweit geerntet, Weizen lag dabei mengenmäßig an zweiter Stelle nach Mais. Umgerechnet auf die Weltbevölkerung von knapp sieben Milliarden Menschen macht das etwa 357 Kilo pro Kopf und Jahr, also fast ein Kilo pro Tag pro Mensch. Das wäre mehr als ausreichend, um alle satt zu kriegen – wenn nicht ein großer Teil des Getreides an Vieh verfüttert würde, damit wir unsere Nahrung um Fleisch, Eier und Milchprodukte anreichern können.

Mehr Getreide, beispielsweise in Form von Brot, selber essen, statt es über den Umweg Tier in uns aufzunehmen, könnte die weltweite Ernährungslage entspannen.

Innerhalb Europas sind die Deutschen die leidenschaftlichsten Brotfreunde: Mehr als achtzig Kilo pro Jahr konsumiert der Bundesbürger, Scheibe für Scheibe, zudem ist – von der zarten weißen Milchsemmel bis zum schweren dunklen Pumpernickel – die Vielfalt nirgendwo größer als hier.

Allerdings: Weniger als ein Drittel unseres Brots wird noch handwerklich hergestellt, das meiste kommt aus Fabriken. Marktführer ist die Großbäckerei Kamps & Co. Vor ein paar Jahren übernahm Nudelfabrikant Barilla die deutsche Brotfabrik, im Sommer 2010 verscherbelten die Italiener das Unternehmen wieder, an einen Frankfurter Investmentfonds.

Was in solchen Broten und Brötchen drinsteckt, ist nicht nur das, was idyllische Werbefotos nahelegen. Dutzende von »Hilfsstoffen« sind von Gesetzes wegen zugelassen. Wenn die Semmel beim »normalen« Bäcker knuspriger und fluffiger ist als beim Öko-Bäcker, liegt der Verdacht nahe, dass das »Hilfsstoffen« zu verdanken ist, die bei Bio nicht zugelassen sind.

Das Schönste am Selberbacken: zu wissen, was drin ist.

Mehl, Hefe und Sauerteig

Für frisch gemahlenes Mehl brauchen Sie keine eigene Mühle – nicht wenn Sie einen netten Bioladen oder ein freundliches Reformhaus in Ihrer Nähe haben. Dann kaufen Sie einfach eine Tüte Weizen- oder Roggenkörner und bitten an der Brottheke darum, dass man Ihnen das Getreide mahlt.

Wenn Sie die Möglichkeit nicht haben, wäre eine Mahlgemeinschaft zu erwägen. Sie legen mit Freunden oder Nachbarn zusammen und schaffen eine gebrauchte Mühle an.

Zweitwichtigste Zutat für Brot ist das Säuerungs- bzw. Lockerungsmittel, also Hefe- oder Sauerteig. Die einfachste und schnellste Methode: Sie kaufen **fertigen Sauerteigansatz** und machen Ihren Brotteig, wie auf der Packung beschrieben.

Die urigste Methode: Sie machen es so, wie unsere Vorfahren es jahrtausendelang gemacht haben, mischen **Mehl** mit **Wasser** und lassen es stehen, bis es von selber zu gären beginnt. Denn die Hefen, die zum Gären erforderlich sind, befinden sich, unsichtbar, bereits in der **Luft**. Sie brauchen nur ein wenig **Geduld**.

Ein Mittelweg: Sie mischen Mehl mit Wasser und ein wenig **Hefe**. Das gärt dann recht schnell. Diesen Hefeteig lassen Sie länger reifen als üblich. Sie werden feststellen, dass der Geruch mit der Zeit ins Säuerliche spielt. Voilà, Sie haben die erste Stufe Ihres Sauerteigs erreicht! Jetzt kommen wieder Wasser und Mehl hinzu.

So wächst und gedeiht der Teig, und am dritten oder vierten Tag ist es endlich soweit: Sie können Brot backen. Schnuppern Sie hin und wieder am Teig, er soll säuerlich riechen, aber keineswegs gammlig. Wenn der Teig mies muffelt, ist der Prozess mikrobiologisch entgleist. (Ist mir ein einziges Mal passiert, passiert Ihnen hoffentlich nie. Wenn, dann weg damit.)

Jetzt kommt das Positive: Wenn Sie einmal so einen Teig haben, dann ist das wie ein Geschenk für die Ewigkeit. Jedesmal, wenn Sie backen, behalten Sie ein Stück Teig zurück, bewahren ihn im Kühlschrank auf und nehmen ihn als Grundlage für den nächsten Teig.

Kastenbrot – ideal für Backanfänger   *Vegan*
Foto Seite 99

Vergessen Sie Backmischungen und Brotbackautomaten! Bis sich die Maschine amortisiert hat, vergehen Jahre, und die Backmischung bringt uns um den größten Vorteil des Backens: dass wir selbst bestimmen, was im Brot drin ist.

Kastenbrot ist perfekt für alle, die es gern etwas bequemer haben oder für Anfänger in Sachen Brotbacken. Mehl, Wasser und Gewürz müssen dafür nur klümpchenfrei miteinander vermengt werden. Wenn der Teig aufgegangen ist, kommt er in einem Zustand, der zwar nicht mehr flüssig, aber erst recht nicht fest ist, in eine – im Idealfall beschichtete – Kastenform. Das Ergebnis ist ein besonders saftiges Brot.

Aufgrund des hohen Feuchtigkeitsgehalts ist es allerdings nicht ganz so lange haltbar wie ein tüchtig gekneteter fester Brotlaib. Innerhalb von zwei, drei Tagen sollte es aufgegessen sein.

Für 1 Kastenbrot
400 g Mehl (Type 550 oder 1050)
1 TL Trockenhefe
1 TL Salz
1/2 TL Zucker
Utensilien: 1 Königskuchenform. Ersatzweise eine Metallschüssel, dann wird das Brot eben rund.
Zubereiten: ca. 10 Minuten
Gehen lassen: mehrere Stunden
Backen: ca. 40-60 Minuten
Kosten: ca. 0,70 €

Mehl in einer Schüssel mit Trockenhefe, Salz und Zucker mischen und 300 ml lauwarmes Wasser dazugießen. Mit einer Gabel oder mit dem Handrührer zu einem glatten, dicken Brei verrühren. Mit einem Tuch bedecken und an einem geschützten Platz stehen lassen, bis der Teig große Blasen wirft und sich ausgedehnt hat.

Den Teig in die Kastenform füllen und in den kalten Backofen stellen. Auf 250 Grad schalten. Wenn die Temperatur erreicht ist, auf 200 Grad zurückschalten und weiterbacken, bis das Brot eine appetitliche braune Kruste hat.

Sauerteig-Vollkornbrot aus frisch gemahlenem Mehl

Vegan

Foto Seite 99

Ich hole mir im Bioladen meist ein Kilo Weizen und ein Kilo Roggen und bitte an der Theke, beides »so fein wie möglich« zu mahlen. Das Ergebnis ist dann immer noch ein wenig rustikal – und damit gerade so, wie es für ein herzhaftes Vollkornbrot gut ist. Frisch und knusprig aus dem Ofen ist das Brot unwiderstehlich gut. Aufbewahren können Sie es annähernd eine Woche.

1 großer Laib Brot von ca. 1,5 Kilo oder 2-3 kleine Laibe

1 Portion Sauerteigansatz, gekauft oder selbst gezogen (siehe Seite 18)
500 g frisch gemahlener Weizen + Mehl zum Weiterverarbeiten
500 g frisch gemahlener Roggen + Mehl zum Weiterverarbeiten
2 TL Salz

Zubereiten: ca. 45 Minuten
Warten: je nach Art der Sauerteigherstellung wenige Stunden oder mehrere Tage
Backen: mind. 60 Minuten für einen großen Laib, ca. 45 Minuten für mehrere kleine Laibe
Kosten: ca. 1,00 € für das Mehl, gekaufter Sauerteigansatz je nach Hersteller 0,60-1,20 €. Allerdings brauchen Sie den nur einmal zu kaufen, anschließend heben Sie am besten immer einen Rest Teig auf, als Ansatz fürs nächste Mal.

Mehl, Salz und Sauerteig mit 750 ml lauwarmem Wasser mischen und gut vermengen. Der Teig sollte zunächst lieber zu weich als zu fest sein. Zugedeckt stehen lassen, bis der Teig deutlich an Volumen gewonnen hat. Das kann je nach Raumtemperatur zwischen 30 Minuten und 2 Stunden dauern.

Kneten und soviel Mehl hinzufügen, dass ein gut formbarer, aber keineswegs harter Teig entsteht. Einen länglichen oder runden Laib formen, auf ein Blech setzen und an einem geschützten Platz, evtl. im nur ganz schwach lauwarmen Backofen, nochmal aufgehen lassen.

Anfangs bei 220 Grad backen, nach etwa 10 Minuten auf 180 Grad herunterschalten und weiterbacken, bis der Brotlaib aussieht, wie ein schönes, fertiges Brot eben aussieht.

Herausnehmen und auf die Unterseite klopfen. Wenn das Brot fertig ist, hört sich das Klopfen hohl an. Sonst noch weiterbacken.

Darf es etwas mehr sein?

Das klassische Brotgewürz besteht aus einer Kombination von Fenchel, Kümmel und Koriander: Je 1 Teelöffel von jedem der drei Gewürze zusammen im Mörser zerstoßen und in den Teig mit einkneten.

Weitere feine Beigaben: Sonnenblumenkerne, Kürbiskerne, Walnüsse, getrocknete Kräuter.

Backtipp, ganz allgemein:

Zu Beginn darf ein Teig ruhig zu **weich** sein. Es ist überhaupt kein Problem, einem weichen Teig durch Zugabe von Mehl mehr Stand zu verleihen. Ist der Teig jedoch erst einmal zu **hart**, ist es ein viel unangenehmeres Gemansche, ihn mithilfe von Flüssigkeit wieder flottzukriegen und geschmeidig zu machen.

Pizzabrot / Focaccia / Hefefladen *Vegan*

Foto Seite 99

Einer für alle: Diesen Teig können Sie vielseitig einsetzen. Sie können ihn portionsweise in der Pfanne zu Fladen backen. Dabei benötigen Sie im Vergleich zum Backen im Rohr nur einen Bruchteil der Energie. Sie können eine schöne große Focaccia im Ofen backen. Oder Sie rollen den Teig dünn aus, belegen ihn mit allerlei netten Zutaten und machen eine Pizza.

400 g Mehl (Type 550) oder eine Mischung aus Mehl und Grieß
+ etwas Mehl zum Verarbeiten
1 TL Trockenhefe
1 EL Zucker
1 gehäufter TL Salz

Für in der Pfanne gebackene Fladen auf Wunsch außerdem: 2 EL Butter, 1 kleine, feinstgehackte Knoblauchzehe, einige Körnchen Salz

Für Focaccia außerdem: 2 EL Olivenöl, 1 TL grobes Salz

Für Pizza außerdem: einige EL Tomatensauce, 50 g feingewürfelter Mozzarella, Kräuter

Zubereiten: *ca. 30 Minuten*
Wartezeit: *ca. 1-2 Stunden*
Backen: *ca. 15-40 Minuten*
Kosten: *ca. 0,70 € für den Teig*

In einer großen Schüssel Mehl, Grieß, Zucker, Salz und Hefe mischen, 300 ml lauwarmes Wasser dazugießen und das Ganze zu einem klümpchenfreien, dicken Brei verrühren. Zugedeckt an einem geschützten Platz stehen lassen, bis sich das Volumen der Masse verdoppelt hat.

Etwas Mehl über den Teig streuen und auch etwas auf die Hand nehmen und den Teig gut durchkneten. Wenn nötig, noch etwas Mehl hinzufügen. Der Teig soll weich sein, aber nicht mehr an den

Händen kleben bleiben.

Für **Fladenbrote** aus der Pfanne ist der Teig jetzt einsatzbereit. Teig in 6-8 Portionen teilen, zwischen den Händen zu flachen Fladen formen und in einer trockenen Pfanne backen, bis sich an der unterseite dunkle Stellen zeigen. Umdrehen und von der anderen Seite fertigbacken, die Oberseite, wenn gewünscht, mit Knoblauchbutter bestreichen.

Für **Focaccia** den Teig zu einem großen runden Fladen formen und auf ein Backblech legen, nochmal gehen lassen, bis der Teig sichtbar an Höhe gewonnen hat. Mit dem Finger Vertiefungen eindrücken, etwas Olivenöl hineinträufeln. Grobes Salz darüberstreuen. Den Backofen auf höchste Temperatur aufheizen und die Focaccia etwa 15 Minuten backen, bis sie appetitlich goldgelb bis hellbraun ist.

Für **Pizza** den Teig in zwei Hälften teilen, jede dünn ausrollen – für die Pizza soll der Teig also nur halb so dick sein wie für die Focaccia. Mit Tomatensauce bestreichen, mit Käsewürfelchen und Kräutern bestreuen und im auf höchste Stufe vorgeheizten Backofen etwa 10 Minuten backen. Dabei bleiben. Die zweite Pizza ist erfahrungsgemäß etwas schneller fertig als die erste.

Feiner Frühstückszopf

Sie haben eine große Familie? Sie sind zum Sonntagsfrühstück eingeladen? Sie haben selbst Frühstücksgäste? Lauter gute Gründe, um so einen saftig-lockeren Butterzopf zu backen.

Ich verwende dafür übrigens keine Eier, lecker und saftig wird der Zopf vor allem durch die Butter. Auch das Bestreichen mit Eigelb spare ich mir. Es sieht zwar hübsch aus, aber der Zopf schmeckt deswegen kein bisschen besser. Da gönne ich dem Huhn lieber einen freien Tag.

1 großer Zopf

250 ml Milch
75 g Zucker
100 g Butter
500 g Mehl + Mehl zum Verarbeiten
1-2 TL Trockenhefe
1 winzige Prise Salz
2 EL Rosinen

Zubereiten: ca. 30 Minuten
Wartezeit: ca. 1-2 Stunden
Backen: ca. 30-40 Minuten
Kosten: ca. 2,10 €

Milch sanft erwärmen und Zucker und Butter darin auflösen.

In einer Rührschüssel (oder gleich in der Küchenmaschine) Mehl, Hefe und Salz mischen. Die Milchmischung erst dann zum Mehl geben, wenn sie wirklich nur noch mild-lauwarm ist. (Zu heiße Milch tötet die Hefe, dann kann der Teig nicht aufgehen.)

Mit dem Knethaken des Handrührers bzw. der Küchenmaschine oder schlicht mit den Händen zu einem glatten geschmeidigen Teig kneten. Der Teig soll weich und gerade eben formbar sein.

Mit einem Tuch zudecken und an einem geschützten, warmen Ort stehen lassen, bis sich das Teigvolumen verdoppelt hat.

Ein Backblech mit Backpapier belegen. Den Teig in drei Stränge teilen – virtuose Zopfflechter machen es mit fünf Strängen – und auf dem Blech zum Zopf flechten.

Nochmal etwa 30 Minuten gehen lassen.

Den Backofen auf 180 Grad stellen und den Zopf backen, bis er hell-goldbraun ist. In etwa 30-40 Minuten sollte es soweit sein. Bitte nicht nach der Uhr, sondern nach dem Augenschein gehen. Und bitte nicht weggehen während des Backens. Jede Minute, die der Zopf zu lang im Ofen ist, macht ihn trockener und weniger lecker.

Darf es etwas mehr sein?

Ein Löffel abgeriebene **Zitronen-** und / oder **Orangenschale** verleiht dem Gebäck ein feines Aroma.

Köstlich: die Rosinen in **Rum** einweichen, bevor sie in den Teig kommen.

Resteverwertung

Ohne Wenn und Aber: Hefegebäck verliert mit zunehmendem Alter deutlich an Charme und ist am leckersten am Tag des Backens.

Trockene Reste von Zopf oder Brötchen können Sie aber gut weiterverarbeiten, etwa zu »Armen Rittern« oder zu »Zwetschgenbavesen« *(Rezepte Seite 207 und Seite 208).*

Milchbrötchen mit und ohne Rosinen   Vegetarisch

8 Stück

300 g Mehl – am liebsten nehme ich zur Hälfte das gröbere frisch-
gemahlene und zur Hälfte das feine 550er – und Mehl zum Verarbeiten
1 gestrichener TL (5 g) Trockenhefe
1 kleine Prise Salz
200 ml Milch
50 g Butter
2 EL Zucker
nach Wunsch: 2-3 EL (30 g) Rosinen

Für das Backblech: Öl oder Backpapier
Zubereiten: ca. 30 Minuten
Wartezeit: ca. 1-2 Stunden
Backen: ca. 12 Minuten
Kosten: ca. 1,30 € / Stück ca. 0,17 €

Ein Blech ölen oder mit Backpapier auslegen. Das Mehl in eine
Schüssel häufen und mit der Trockenhefe und wenigen Körnchen
Salz mischen. Milch sanft erwärmen und Zucker und Butter darin
auflösen.

Die wirklich nur lauwarme Milchmischung zum Mehl geben und
alles zu einem klümpchenfreien dicken Brei verrühren. Mit einem
Tuch bedecken und an einem geschützten Ort auf doppelten Um-
fang aufgeben lassen.

Gerade so viel oder besser: so wenig Mehl dazu geben, dass Sie
den Teig kurz durchkneten können. Die Rosinen jetzt dazugeben. Der Teig soll immer noch schön weich sein.

Teig in 8 Portiönchen teilen, jede mit Abstand zur nächsten in
einem runden Häufchen aufs Blech setzen. In den kalten Backofen stellen und dort nochmal wenigstens eine halbe Stunde
gehen lassen. Bei 180 Grad in etwa 12 Minuten hellgoldbraun
backen.

Köstlich dazu: Selbstgemachte Marmelade *(Rezept Seite 29)*

Zwetschgenmarmelade

Die besten Zwetschgen, die ich in den letzten Jahren probieren durfte, wuchsen in einem Schwabinger Schrebergarten. Der Baum trug wie verrückt, und die Besitzerin des Gartens, Freundin einer Freundin, erlaubte mir, reichlich davon zu pflücken. Die Zwetschgen waren knackig-fest, von herzhafter Säure, üppiger Süße und generösem Aroma. Ich aß sie roh, machte Zwetschgenknödel, Kompott und kochte sie zu einem wunderbaren, dicken Aufstrich ein. Als das letzte Glas alle war, war ich richtig traurig.

Übrigens: Wenn ich Ihnen so einen Aufstrich verkaufen wollte, dürfte ich ihn nicht »Marmelade« nennen. Dieses Wort ist kurioserweise Aufstrichen aus Zitrusfrüchten vorbehalten. Kurios deshalb, weil sich das Wort vom portugiesischen »marmelo«, »Quitte«, herleitet. Selbst eine Quitten-Marmelade dürfte somit nach EU-Regeln nicht ihren eigenen Namen tragen.

Die einfachste Art, Fruchtaufstrich zuzubereiten, ist wohl, die Früchte mit **Gelierzucker** herzustellen, so wie es auf der Packung beschrieben ist. Bei **Erdbeeren** mache ich das so, weil dabei die Kochzeit am kürzesten ist und die zarten Früchtchen so geschont werden.

Die **klassische Methode** ist, Früchte mit der selben Menge Zucker einzukochen, bis die Masse geliert. Zum einen eine sehr süße Angelegenheit, zum anderen werden empfindliche Früchte dabei mehr oder weniger totgekocht.

Bei den robusteren **Zwetschgen** ist beides nicht nötig. Ich verwende wenig Zucker und brauche dennoch kein Geliermittel zuzusetzen. Vor allem brauche ich keine künstliche »Citronensäure«, ein hässliches Produkt, das in konventionellem Gelierzucker enthalten ist und das nicht aus Zitronen, sondern aus einem Schimmelpilz hergestellt wird.

2-3 Gläser
1 kg Zwetschgen
300-500 g Zucker, je nach Süße der Zwetschgen und nach
persönlichem Geschmack
nach Belieben: 2 Nelken und / oder 1/2 TL gemahlener Zimt oder ein
Stückchen Zimtrinde
Utensilien: 2-3 Gläser mit Twist-off-Verschluss, kleiner Schöpflöffel
Zubereiten: ca. 30 Minuten
Kosten, ausgehend von 2 € für das Kilo Zwetschgen: ca. 3,00 €

Zwetschgen säubern und entsteinen. In einen nicht zu kleinen Topf – die kochenden Früchte blubbern hoch! – füllen und mit dem Zucker verrühren, evtl. Gewürz hinzufügen.

Ein Geschirrtuch nassmachen, auswringen und auf die Arbeitsfläche neben dem Herd ausbreiten. Die Gläser mit heißem Wasser ausspülen, ausschütten und abtropfen lassen, aber nicht abtrocknen.

Anfangs langsam erhitzen, damit die Früchte Saft ziehen können, ohne anzubrennen. Immer wieder umrühren. Wenn nötig, einige Löffel Wasser dazugeben.

Etwa 10 Minuten kochen lassen, dabei immer wieder umrühren. Wenn die Zwetschgen sehr reif sind, enthalten sie weniger Pektin und müssen evtl. länger kochen.

Mit einem kleinen Schöpflöffel den heißen Fruchtbrei in die Gläser füllen. Sofort verschließen und mit dem Deckel nach unten hinstellen. So entsteht das **Vakuum**, das die Früchte vor schnellem Verderb schützt und das später beim Öffnen das Knacken verursacht.

Die abgekühlten Gläser fest verschraubt im Kühlschrank aufbewahren.

Wie lange der Aufstrich **haltbar** ist, hängt vom Zucker- und Pektingehalt der Früchte ab und auch davon, wie sauber gearbeitet wird. Lassen Sie das gute Zeug nicht allzu lange herumstehen, es wird nicht besser, nur älter.

Frischkornmüsli *Vegetarisch*

Lange ging mein Frühstücksmüsli so: Kleingeschnittenes Obst je nach Jahreszeit und Verfügbarkeit, kernige Haferflocken und Vollmilchjoghurt mischen – fertig ist die Basis-Variante. Noch ein paar Nüsse dazu, vielleicht noch ein Löffelchen Honig, das ist dann schon die Edelversion.

Erst vor kurzem habe ich damit begonnen, ab und zu ein Frischkornmüsli herzustellen, inzwischen hat es bei mir dem Flocken-Joghurt-Müsli den Rang abgelaufen.

Gewöhnungsbedürftig für Spontis: Man muss schon am Abend die Körner einweichen.

Wenn Sie es zum ersten Mal ausprobieren, empfehle ich Ihnen dafür Nackthafer. Wenn Sie Gefallen daran finden, können Sie nach und nach andere Getreidesorten dazutun, vorzugsweise mit solchen, die Sie nicht jeden Tag schon in Form von Brot zu sich nehmen. Probieren Sie es mit Gerste, auch mit Dinkel.

Als Flüssigkeit kommt Sahne dazu. Sahne statt Milch, ist das nicht zu üppig? Nein, denn da das Getreide schon jede Menge Wasser geschluckt hat, darf das bisschen Flüssigkeit, das noch hinzugefügt wird, ruhig gehaltvoller sein. Zweitens ist Sahne auch für jene gut verträglich, die mit Milch Probleme haben.

Das Frischkornmüsli sättigt übrigens sehr nachhaltig.

1 Portion

50 g Getreide, z.B. Nackthafer, Dinkel, Gerste
1 Apfel
1 TL Honig
30-40 g Sahne
6-8 geröstete Haselnusskerne

Utensilien:
Mixer oder Mühle

Einweichen: ca. 12 Stunden
Zubereiten: ca. 5 Minuten
Kosten: ca. 0,85 €

Die Getreidekörner entweder im Mixer oder in einer Mühle grob zerkleinern, in ein Schälchen umfüllen und mit soviel Wasser aufgießen, dass die Körner gerade eben bedeckt sind.

Am nächsten Morgen überschüssiges Wasser abgießen. Den Apfel in kleine Schnitze schneiden und zusammen mit Honig und Nüssen unter die gequollenen Körner mischen. Die Sahne dazugießen, umrühren.

»Vor dem Jahr 8010 zu verbrauchen«
Das Mindesthaltbarkeitsdatum

Sechstausend (in Ziffern: 6.000) Jahre alt waren die Körner, die Archäologen im Jahr 1948 in einer bei Ausgrabungen zutage geförderten Kiste fanden. Sie sollten vermutlich einem Verstorbenen als Notration für die Reise im oder ins Jenseits dienen.

Zunächst verschwand diese Kiste irgendwo im Depot. 1977 wurden die Körner zum zweiten Mal wiederentdeckt, und endlich beschäftigte man sich mit dem unscheinbaren altägyptischen Erbe. Die verblüffende Feststellung: Nach Tausenden von Jahren waren die Körner – es handelte sich dabei um eine Art Ur-Weizen – immer noch intakt und keimfähig.

Soviel zur Haltbarkeit mancher Lebensmittel. Hochgerechnet auf 2010 geerntetes Getreide könnte eigentlich auf der Packung stehen:»Mindestens haltbar bis 8010.«

Trotzdem gehen die Hersteller, die laut Lebensmittelgesetz verpflichtet sind, ein Mindesthaltbarkeitsdatum auf die Packung zu drucken, bei ungemahlenen Getreidekörnern von einer um den Faktor Dreitausend kürzeren Haltbarkeit aus.

Länger noch als Getreide dürfte Salz halten – zumindest nach Überzeugung unserer Politiker. Deshalb wollen sie den Zehntausende Jahre strahlenden Kernkraftwerksmüll unterirdischen Salzstöcken anvertrauen.

Auf dem Salzpackerl steht aber ein Mindesthaltbarkeitsdatum, das einem unter Atommüll-Gesichtspunkten die Haare zu Berge stehen lässt: Zehn Jahre, nicht mehr, geben die Abfüller dem Speisesalz.

Was diese Geschichten Ihnen sagen sollen? Vertrauen Sie mehr Ihrer Nase und weniger dem Packungsaufdruck. Ungekochte Nudeln sind vermutlich hundert Jahre und länger haltbar – vergessen Sie, was auf der Tüte steht!

Joghurt oder Crème fraîche sind – meistens – auch Tage oder sogar Wochen nach Ablauf des MHD noch in tadellosem Zustand. Verlassen Sie sich auf Ihre Nase: Was noch gut riecht, ist noch gut.

Umgekehrt ist es mir auch schon passiert, dass eine Crème fraîche bereits **vor** Ablauf der offiziellen Haltbarkeit ein Schimmelhäubchen hatte oder dass Milch bereits innerhalb ihrer gesetzlichen Lebensdauer in dicken Brocken in die Teetasse plumpste.

Und mitunter macht es sich die freche Mehlmotte – vermutlich weil sie nicht lesen kann – schon lange vor dem Mindesthaltbarkeitsdatum in Flocken oder Mehl gemütlich.

In so einem Fall sollten Sie nicht, den Blick stur aufs Datum gerichtet, beschließen:»Muss von Gesetzes wegen noch gut sein, wird also gegessen.«

Nehmen Sie lieber Ihren Anspruch auf Umtausch wahr.

Brotaufstriche / Dips / Würzpasten

Knoblauch gehört zu meinen liebsten Würzzutaten, und so sind die meisten Aufstriche bei mir von der duftenden Knolle geprägt. Wer Knofel nicht mag oder sich anderen nicht mit Knoblauchfahne zumuten möchte, kann ihn bei manchen Rezepten weglassen. Beim Karottenaufstrich *(Rezept Seite 44)* könnte Ingwer eine aparte Alternative sein, beim Kartoffel-Dip *(Rezept Seite 45)* vielleicht Kräuter. Nur die Avocado-Sahne kann ich mir ohne Knoblauch schwer vorstellen, aber vielleicht fallen Ihnen andere passende Würzmöglichkeiten ein.

Avocado-Sahne   Vegetarisch

Der fluffige Aufstrich schmeckt absolut hinreißend auf frisch geröstetem Weißbrot bzw. Toast.
Er ist ebenfalls fein als Dip für rohes, in Stäbchen geschnittenes Gemüse wie Karotten, Gurke oder Paprika.

3-4 Portionen

I Avocado
100 ml Schlagsahne
Salz, etwas Knoblauch nach Geschmack, frisch gepresst oder in diesem Fall auch als Pulver

Zubereiten: ca. 10 Minuten
Kosten: ca 1,40 € (wenn Avocado für 0,99 € im Angebot) / Portion ca. 0,40-0,50 €

Avocado halbieren, Fruchtfleisch herauslöffeln und ganz fein zerdrücken, mit Salz und Knoblauch würzen. Die Sahne schlagen und unter das Avocadopüree heben.

Guacamole – mexikanischer Avocado-Dip   *Vegan*

Die Varianten sind vielfältig, von ganz schlicht – nur Avocado, Limettensaft, Knoblauch, Salz und Cayennepfeffer – bis hin zu Versionen mit Mayo, Joghurt oder Sahne.

Meine Lieblings-Guacamole ist vegan, enthält aber zusätzlich zur Basis-Variante feinstgeschnittene Tomate, Frühlingszwiebelringe, frische Chili und etwas Koriandergrün.

Schmeckt toll zu Cräckern oder Tortilla-Chips, auf jede Art Brot, aber auch zu Gemüserohkost, Fisch oder Fleisch. Schmeckt eigentlich zu fast allem außer Erdbeeren.

3-4 Portionen

Saft von 1 Zitrone oder Limette

1 Avocado

1 Knoblauchzehe

1 Frühlingszwiebel

2-3 Cocktailtomaten

1/4 rote Chilischote, ersatzweise etwas Cayennepfeffer

2 Stengel Koriandergrün

Salz

Zubereiten: ca. 10 Minuten

Kosten: ca 1,80 € (sofern die Avocado für 0,99 € im Angebot ist, sonst entsprechend mehr) / Portion ca. 0,45-0,60 €

Die Zitrone auspressen. Avocado halbieren und das Fruchtfleisch herauslöffeln, sofort mit dem Zitronensaft mischen.

Knoblauch durch die Presse drücken oder extrem fein hacken. Frühlingszwiebel in feinste Ringe schneiden. Tomaten in winzige Würfelchen schnippeln, Chili und Koriander hacken.

Alles mit der Avocado verrühren und mit Salz abschmecken.

Tipp:

Da **Koriandergrün** schnell welkt und selbst im Bioladen nicht einzelne Korianderzweiglein oder viertel Chilischoten käuflich zu erwerben sind, bin ich Ihnen jetzt Rezepte schuldig, mit denen Sie die Chili- und Korianderreste verbrauchen können.

Eine sehr schöne Einsatzmöglichkeit für beides ist die **Kartoffel-Kichererbsen-Suppe** *(Rezept Seite 87)*. Oder Sie machen eine **Curry-Paste** *(Rezept Seite 40)* nach thailändischer Art, die Sie dann wiederum im **Hühner-Curry** *(Rezept Seite 173)* unterbringen.

Bruschetta

Brot, Tomatenwürfel, Basilikum, gewürzt mit ein bisschen Knoblauch und Olivenöl. So einfach ist das – und so lecker.

Worauf es vor allem ankommt, ist allerdings die Qualität der Zutaten. Mit watteartigem Industrie-Baguette beispielsweise schmeckt die Bruschetta (*sprich: brusketta*) leider nicht so gut. Besonders geeignet sind etwas rustikalere Weißbrote, die innen nicht ganz so fluffig sind – oder auch Graubrot.

Was die Bruschetta überhaupt nicht verträgt, ist Herumstehen. Sie will sofort, warm und knusprig, verspeist werden.

4 Stück

4 Scheiben Weißbrot
2-3 Tomaten, je nach Größe
1 Knobauchzehe
1 Stengel Basilikum
2 EL Olivenöl
Salz

Zubereiten: *ca. 15 Minuten*
Kosten: *ca 1,20 €*

Tomaten überbrühen, häuten und das Fruchtfleisch in Würfelchen schneiden. Basilikum grob hacken.

Brotscheiben in der trockenen Pfanne von beiden Seiten rösten. Wer nur einen dezenten Hauch Knofel wünscht, schneidet die Knoblauchzehe durch und reibt mit den Schnittflächen die Brotscheiben ein. Knoblauch-Fans schneiden die Zehe in feinste Würfel.

Tomatenwürfel auf den Broten verteilen, Basilikum (und Knoblauch) darüberstreuen. Mit etwas Salz bestreuen, mit Öl beträufeln. Sofort essen.

Am besten vegetarisch?

Aah, die herrlichen Düfte der Kindheit! Omas Bratkartoffeln mit Speck, die mit Äpfeln und Zwiebeln gefüllte Weihnachtsgans. In den Ferien die auf einen selbstgeschnitzten Spieß gesteckten Würstchen, über dem Lagerfeuer gebrutzelt. Am köstlichsten waren sie, wenn sie schon leicht schwarze Krusten hatten, von Nitrosaminen und Acrylamid hatte damals noch keiner gehört. Später, als Studenten, verfielen wir dem Wohlgeruch von in Burgunder geschmortem Rindfleisch, das in der Wohngemeinschaftsküche sachte vor sich hin schmurgelte.

All das ist im Stammhirn abgespeichert, bereit, jederzeit wieder Gelüste wachzurufen, denen umso schwerer zu widerstehen ist, als sie pure Nostalgie sind. Die Kehrseite: Auf der Welt, der reichen westlichen zumal, wird zuviel Fleisch gegessen. Der Fleischverbrauch muss sinken, das steht außer Frage, die Gründe dafür sind so zahlreich wie zwingend.

Tierschutz*: Massentierhaltung ist Quälerei, billiges Fleisch ist kein Menschenrecht. Kein Mensch hat Anspruch darauf, dass ein Tier misshandelt wird, damit er an billiges Fleisch kommt. Was sich in Hühner-, Enten- und Putenfarmen abspielt, ist so entsetzlich, dass man sich fragt, wie Menschen solche »Arbeit« verrichten können. Ich erspare Ihnen hier die grausamen Details, Sie haben vermutlich selbst einiges darüber gelesen, gehört, gesehen. Wer sich weiter informieren möchte, dem sei zur Lektüre das eindrucksvolle Buch »Tiere essen« von Jonathan Safran Foer empfohlen sowie die zahlreichen Webseiten von Tierschutzverbänden (z.B. www.provieh.de, www.tierschutzbund.de, www.tierlobby.de), Naturschutzverbänden (www.bund.net, www.nabu.de), Umweltorganisationen (www.greenpeace.de).*

Verteilungsgerechtigkeit*:»Das Fleisch der Reichen frisst das Brot der Armen«, heißt es treffend. In der Dritten Welt wird kostbares Ackerland verschwendet, um Soja und Mais für die Rinder der reichen Länder anzubauen – statt Getreide und Gemüse für die eigene Bevölkerung. Allein von dem Getreide, das die 1,4 Milliarden Rinder fressen und wiederkäuen, könnten ebenso viele Menschen satt werden – mehr als der derzeit hungernde Teil der Menschheit.*

Umweltschutz*: Tiere machen eine Menge Dreck. Etwa 1,4 Milliar-*

den Rinder bevölkern die Erde (und sorgen für einen gewaltigen Ausstoß an Methangas). Bei einer Weltbevölkerung von aktuell ca. 6,8 Milliarden Menschen bedeutet das, dass sich weniger als fünf Menschen eine Kuh teilen. Dazu kommen knapp 20 Milliarden Hühner, 1 Milliarde Schafe und etwa ebensoviele Schweine.

Mal davon abgesehen, dass die meisten unter gruseligen Bedingungen gehalten werden, so dass wir hier eher von milliardenfachem Leid als von milliardenfachem Leben sprechen müssen, setzen diese armen Kreaturen auch der Umwelt gehörig zu, zum einen durch den Verbrauch an Wasser, Energie und Futter, zum anderen durch ihre Hinterlassenschaften.

Konsequenz: Ist es dann nicht am besten, gar kein Fleisch zu essen, also vegetarisch zu leben? Und somit ein friedlicherer Mensch zu sein, der nicht für das Quälen und Töten von Tieren verantwortlich ist?

Wenn es doch nur so einfach wäre! Leider lässt sich die Unschuld durch ausschließlichen Verzehr von Getreide, Gemüse und Milchprodukten nicht zurückerlangen. Wer nicht will, dass Tiere getötet werden, müsste sich vegan, also rein pflanzlich ernähren. Ade, Butter und Bergkäse! Tschüs, Joghurt und Eierpfannkuchen! Soll die Kuh Milch geben, muss sie regelmäßig kalben – und als Kälbchen kommen sowohl junge Kühe wie auch junge Stierlein zur Welt. Wohin mit ihnen? Die unzähligen Bullen, die da heranwüchsen, auf der Weide halten, bis sie an Altersschwäche stürben? Wohl kaum. Da heute keine Ochsen mehr vor den Pflug gespannt werden, sind männliche Rinder zwangsläufig dazu bestimmt, als Kalbsschnitzel oder Entrecôtes in der Pfanne zu enden.

Nicht anders bei Eiern. Wer verhindern will, dass Geflügel getötet wird, muss folgerichtig nicht nur auf das Frühstücksei verzichten, sondern auch auf die meisten Kuchenarten, auf viele Speiseeis-Sorten, auf Soufflés, Aufläufe, Pfannkuchen, Kekse.

Möglich ist das, wie eine respektable Anzahl von Veganern beweist. Leicht fallen dürfte es den wenigsten. Aber vielleicht müssen wir nicht mit dem Schwierigsten beginnen. Weniger Fleisch – und gleichzeitig weniger Eier und weniger Milchprodukte, und nichts davon aus Massentierhaltung – das wäre doch sehr prima für den Anfang. Damit die Quälerei ein Ende hat.

Curry-Paste

Der große Vorteil selbstgemachter Curry-Pasten: Sie können den Schärfegrad individuell regulieren – und Sie können Reste von Chilischoten, Koriander, Ingwer oder anderen Zutaten, die zu verkommen drohen, sinnvoll aufbrauchen.

Art und Menge der Zutaten richtet sich nach dem, was Sie gerade loswerden möchten, beispielsweise:

Chilischote
Koriandergrün, gerne auch nur die Stiele, wenn Sie die Blätter bereits anderweitig verbraucht haben
Knoblauch
Zwiebel oder Schalotte
Korianderkörner
Kreuzkümmel
etwas Salz und Zucker
Öl

Utensilien: Standmixer oder Pürierstab (Hardcore-Elektroverweigerer mühen sich mit dem Mörser)
Zubereiten: ca. 10 Minuten
Kosten: ca. 0,50-1,50 €

Alle Zutaten grob zerkleinern und in den Mixer oder in einen schmalen Becher geben. Soviel Öl dazugießen, dass der Mixer gut arbeiten kann. Alles zu einer geschmeidigen Paste zerkleinern und in ein Schraubglas füllen. Hält im Kühlschrank gut eine Woche – schmeckt aber je frischer desto besser. Machen Sie also am besten gleich am nächsten Tag ein schönes Gemüsecurry.

Darf es etwas mehr sein?

Es gibt noch etliche Zutaten, die, alternativ oder zusätzlich, in die Paste wandern können: Zitronengras, Kaffirblätter, getrocknete Krabben, Pfefferkörner, geriebene Limettenschale, Kurkuma.

Schafkäse-Basilikum-Aufstrich

Der sehr aromatische Aufstrich geht ganz fix und schmeckt auf Weißbrot und Vollkornbrot gleichermaßen gut. Äußerst lecker auch zu Brezen (Biergarten!).

Hält im Kühlschrank etwa drei Tage.

3-4 Portionen

1 Packung Schaf-Feta, 180 g
1 Knoblauchzehe
1 Handvoll Basilikumblätter
3 EL Olivenöl

Zubereiten: ca. 5 Minuten
Kosten: ca. 3,00 € / Portion ca. 0,75-1,00 €

In einem Schüsselchen den Feta zerbröckeln. Knoblauch feinst hacken oder durch die Presse drücken. Basilikum hacken.

Mit einer Gabel alle Zutaten gut vermengen, sodass eine halbwegs geschmeidige Masse entsteht.

Auberginenkaviar

Foto Seite 102

Dieses Auberginenpüree ist vor allem im östlichen Mittelmeerraum verbreitet und gehört zu meinen Lieblingsaufstrichen. Knoblauch ist in diesem Fall ein Muss.

In allen Rezepten, die ich kenne, lautet die Anweisung: Auberginen bei 220 Grad im Backofen garen, bis sie »außen schwarz und innen weich« sind.

Deutlich weniger Energie verbrauchen Sie – bei ebenfalls gutem Ergebnis – wenn Sie die Auberginen einfach in einer beschichteten Pfanne, ohne Zugabe von Fett, bei schwacher Hitze rösten, bis sie, ja genau, »außen schwarz und innen weich« sind.

Schmeckt hinreißend auf leicht geröstetem Brot.

3-4 Portionen

2 kleinere Auberginen
1 Knoblauchzehe
3 EL Olivenöl
1-2 EL Zitronensaft
Salz

Utensilien: Mixer oder Pürierstab

Zubereiten: ca. 45 Minuten
Kosten: ca. 3,00 € / Portion ca. 0,75-1,00 €

Die Auberginen in einer beschichteten Pfanne ohne Fett rösten, bis sie innen weich sind, was Sie durch leichten Fingerdruck leicht feststellen können.

Die Auberginen mit einem spitzen Messer aufschlitzen, das Fruchtfleisch herauslöffeln und in eine hohe Schale füllen. Knoblauch, Öl und Zitronensaft dazugeben, das Ganze pürieren und mit Salz abschmecken.

Auberginen-Tomaten-Aufstrich

Vegan

Foto Seite 102

Durch ausdauerndes Schmoren erhält dieser Aufstrich aus dem Nahen Osten seine intensive Würze.

3-4 Portionen

1 große oder 2 kleinere Auberginen
1 große Zwiebel
2 Knoblauchzehen
3 EL neutrales Öl
1 Lorbeerblatt
2-3 Tomaten
1-2 EL Zitronensaft
Salz

Zubereiten: ca. 60 Minuten
Kosten: ca. 3,20 € / Portion ca. 0,80-1,10 €

Aubergine(n) in sehr kleine Würfel schneiden. Zwiebel und Knoblauch hacken. Alles in einer großen Pfanne oder einem weiten Topf im Öl anbraten, das Lorbeerblatt dazugeben. Bei niedriger Temperatur garen. Das Gemüse darf dabei leicht anbräunen. Immer wieder umrühren, gelegentlich, wenn es anzubrennen droht, ein wenig Wasser dazugießen – immer nur ein bisschen, die Masse soll nie suppig sein.

Die Tomaten kurz überbrühen, häuten und mit in die Pfanne geben. Weiter köcheln lassen, zwischendurch umrühren und das nötige Wasser dazugießen. Erst wenn das Ganze zu einem dicken Brei eingekocht ist, mit Salz abschmecken und den Zitronensaft einrühren.

Karottenaufstrich

Preiswerter geht's nicht, leckerer kaum – was für ein Glück, dass Karotten das ganze Jahr über Saison haben.

2-3 Portionen

2 große Karotten
3 EL Öl
1 Knoblauchzehe
Salz
1 EL Zitronensaft
3 EL Vollmilchjoghurt
Utensilien: Reibe

Zubereiten: ca. 30 Minuten
Kosten: ca. 0,80 € / Portion ca. 0,30-0,40 €

Die Karotten raspeln, den Knoblauch fein hacken und beides im Öl langsam braten, bis die Karotten weich sind. Sie dürfen dabei ruhig ein wenig braun werden – mit der Betonung auf »ein wenig«. Sie entwickeln dabei angenehme Röstaromen.

Etwas abkühlen lassen und mit dem Joghurt verrühren. Mit Salz und Zitrone abschmecken.

Darf es etwas mehr sein?

Petersilie, feingehackter Schnittlauch oder auch Koriandergrün machen sich optisch wie auch geschmacklich gut auf dem Karottendip.

Kartoffel-Dip

Mit Olivenöl und viel Knoblauch ist diese Kartoffelcreme so etwas wie die mediterrane Variante des alpenländischen Kartoffelkäses *(siehe nächste Seite)*. Allerdings werden die Kartoffeln nicht einfach zerdrückt, sondern – was man mit Kartoffeln sonst besser nicht tut – mit dem Mixer zerkleinert. Dabei verkleistert die Stärke, das Ganze gewinnt eine leimartige Konsistenz. Schmeckt hinreißend – wobei es sehr auf die Qualität des Öls ankommt.

Lässt sich aufs Brot streichen, schmeckt auch sehr gut zu gebratenem oder gegrilltem Gemüse oder als Dip für in Streifen geschnittenes rohes Gemüse.

3-4 Portionen

300 g Kartoffeln
Salz
1 Knoblauchzehe
4 EL Olivenöl

Zubereiten: ca. 15 Minuten
Kochen: ca. 12 Minuten
Kosten: ca. 1,50 € / Portion ca. 0,40-0,50 €

Die Kartoffeln schälen, je nach Größe vierteln oder achteln und in wenig Salzwasser garen. Knoblauchzehe grob zerkleinern. Kartoffeln und Knoblauch zusammen mit dem Öl pürieren. Mit Salz abschmecken.

Darf es etwas mehr sein?

Ein paar Schnittlauchröllchen oder Frühlingszwiebelringe stehen dem Dip gut.

Gadofekaas (Kartoffelkäse)   Vegetarisch

Eine der besten bayrischen Erfindungen auf kulinarischem Gebiet. Den würzig-feinen Aufstrich, dazu etwas gutes Brot – mehr braucht es kaum. Außer netter Gesellschaft natürlich. Und vielleicht ein Glas Wein oder Bier.

3-4 Portionen

300 g Kartoffeln
1/2 TL Kümmel
1 große Zwiebel
2 EL Butter
Salz, Pfeffer
1 Becher (200 g) Sauerrahm oder Schmand
etwas Schnittlauch oder 1 Frühlingszwiebel

Zubereiten: ca. 20 Minuten
Kochen: 20-40 Minuten
Kosten: ca. 1,80 € / Portion ca. 0,45-0,60 €

Die ungeschälten Kartoffeln in Wasser mit etwas Salz und Kümmel kochen. Das dauert je nach Größe der Kartoffeln 20-40 Minuten (wenn Sie Energie sparen wollen, nehmen Sie also nicht die größten Kartoffeln).

Inzwischen die Zwiebel sehr fein würfeln und in der Butter glasig dünsten.

Die Kartoffeln abgießen, schälen, mit der Gabel zerdrücken und mit den Zwiebeln mischen. Sauerrahm unterrühren, mit Salz und Pfeffer abschmecken. Mit Schnittlauch- oder Frühlingszwiebelringen bestreuen.

Hummus – Kichererbsenpüree

Foto Seite 102

Vegan

Wann immer Sie Kichererbsen kochen, kochen Sie gleich etwas mehr mit für eine Portion Hummus.

Am schnellsten geht es mit Kichererbsen, die Sie im Glas kaufen. Mein Eindruck ist allerdings, dass mit frisch gekochten das Hummus einen Tick besser schmeckt.

3-4 Portionen

ca. 300 g gegarte Kichererbsen, aus dem Glas oder selbst gekocht
Saft von 1 Zitrone
1 Knoblauchzehe
1/4 TL Salz
3 EL Olivenöl
Utensilien: Mixer oder Pürierstab

Zubereiten: ca. 10 Minuten
Kosten: ca. 2,30 € / Portion ca. 0,60-0,80 €

Alle Zutaten in den Mixer packen und soviel Wasser dazugießen, dass es mit dem Mixen klappt. Zu einer glatten, geschmeidigen Paste verarbeiten.

Darf es etwas mehr sein?

Wer es noch würziger mag, fügt einen halben Teelöffel gemahlenen **Kreuzkümmel** hinzu.

Im klassischen Hummus ist **Tahina**, also Sesammus, eine weitere Zutat. Es macht das Kichererbsenmus reichhaltiger – und teurer.

Maxens Kidneybohnen-Aufstrich   Vegan

Die Empfehlung eines vegan lebenden Studenten. Danke, Max!

3-4 Portionen

1 Dose Kidneybohnen (400 g)
1-2 Knoblauchzehen
3 EL Olivenöl
1 EL Essig
2 EL Tomatenmark
Cayennepfeffer je nach individuellem Schärfe-Gusto
Utensilien: Mixer oder Pürierstab
Kosten: ca. 2,00 € / Portion ca. 0,50-0,70 €
Zubereiten: 5 Minuten

Einen Teil des Wassers, in dem die Bohnen schwimmen, abgießen – aber nicht alles, sonst lassen sich die Bohnen schlecht pürieren. Knoblauch häuten und grob zerkleinern. Sämtliche Zutaten im Mixer oder in einem hohen schmalen Gefäß mit dem Pürierstab zu einer homogenen Masse zerkleinern.

Bananenbrot

Bananen sind prima. Es gibt sie das ganze Jahr über, sie schmecken, sättigen, liefern Vitamine und Kalium und sind praktisch verpackt. Tolle Sache eigentlich. Bei mir landen sie regelmäßig im Müsli oder im Obstsalat – oder auf Brot.

Es gibt Gerichte, bei denen möchte man sich nicht erwischen lassen, weil man sich irgendwie für sie geniert. Nie und nimmer würde man sie jemandem anbieten, es wäre zu peinlich. Bei mir ist das eben das Bananenbrot. Dabei ist es im Grunde viel vernünftiger als Nutellabrot, erfüllt aber den gleichen Zweck als schneller süßer Aufstrich auf die Stulle. Einfach eine reife Banane mit Hilfe einer Gabel auf eine Scheibe Grau- oder Schwarzbrot quetschen.

Ist lecker und sooo viel gesünder als Nutellabrot.
Wieso war mir das eigentlich peinlich?

1 Scheibe Brot
1 gut reife Banane

Zubereiten: ca. 1 Minute
Kosten: ca. 0,40-0,50 €

Geschälte Banane direkt auf dem Brot mit der Gabel zerdrücken.

Salzzitronen nach marokkanischer Art   *Vegan*
Foto Seite 130

Für Ungeduldige, die sofort Ergebnisse sehen wollen, eine echte Herausforderung: Die Salzzitronen brauchen mehrere Wochen, bis sie einsatzbereit sind. Trotz dieser Zumutung lege ich sie Ihnen wärmstens ans Herz, weil sie mit ihrem einzigartigen aparten Aroma manchen Gerichten das gewisse Etwas verleihen. Bisher habe ich sie noch in keinem Laden gesehen, insofern haben Sie mit den eingelegten Zitronen nicht nur ein feines, sondern auch ein sehr exklusives Produkt. Für ganz wenig Geld. Die Salzzitronen sind übrigens auch ein prima Mitbringsel.

Als Gefäß benötigen Sie ein verschließbares Glas mit Dreh- oder Schnappverschluss. Das kann ein Einmachglas, aber auch ein leeres Honig- oder Apfelmus-Glas sein.

Die Zitronen selbst sollten klein und dünnschalig sein. Immer wieder mal gibt es ein ganzes Netz davon im Angebot. Wenn es wieder soweit ist, sollten Sie zugreifen und loslegen.

1 großes Glas oder 2 kleinere Gläser

6-8 kleine Zitronen
ca. 750 g grobes Meersalz

Zubereitung: *ca. 30 Minuten*
Wartezeit: *mehrere Wochen*
Kosten: *ca. 2,00 €*

An den sauberen Zitronen längs 6-8 tiefe Einschnitte anbringen, ohne die Zitronen dabei durchzuschneiden. Die Einschnitte ein wenig aufdrücken und Meersalz hineinfüllen *(siehe Foto Seite 130)*.

Die eingesalzenen Zitronen in das Glas füllen, Sie können sie ruhig richtig fest hineinquetschen. Das Glas mit Salz auffüllen und

Muss denn alles Bio sein?

Als ich letztes Jahr probiert habe, vom Hartz-IV-Satz nur Bioware zu kaufen, musste ich konsequent sein – sonst wäre der Versuch nichts wert gewesen. Manchmal ist es mich hart angekommen, etwa wenn ich an Straßenständen supergünstigen Spargel sah, der sogar in dem knappen Budget drin gewesen wäre. Im echten Notfall, zugegeben, würde ich es wohl nicht ganz so eng sehen, sondern erfreut zugreifen, wenn mir so ein verlockendes Schnäppchen unterkäme. Doch wo ist die Grenze zu ziehen? Hier eine persönliche Prioritätenliste:

1: Tierische Produkte. Geld sparen um den Preis, dass Tiere gequält werden, ist nicht akzeptabel. Eier, Fleisch und Milchprodukte aus Massentierhaltung gehen also gar nicht. Wobei es mir dabei weniger um Bio, sondern mehr um die artgerechte Tierhaltung zu tun ist. Übrigens: Nur bei Tiererzeugnissen aus biologischer Landwirtschaft ist strikt verboten, dass die Tiere gentechnisch verändertes Futter zu sich nehmen. Ein Schlaglicht auf diesen Umstand lieferte der Prozess, den Müller-Milch/Weihenstephaner gegen Greenpeace führte. Die Umweltschützer hatten deren Milch als »Gen-Milch« bezeichnet. Das wollte Müller/Weihenstephaner verbieten lassen. Da die milchliefernden Kühe aber tatsächlich teilweise mit gentechnisch verändertem Mais gefüttert werden, entschied das Bundesverfassungsgericht im September 2010 in letzter Instanz: Ja, man darf das als »Gen-Milch« bezeichnen.

2: Brot und Semmeln. Bis vor wenigen Jahren war Cystein, gewonnen aus Menschenhaar, in Gebäck erlaubt. Als sich das herumsprach und die Leute sich ekelten, wurde die Verwendung von Menschenhaar verboten. Heute gewinnt man Cystein aus Schweineborsten. Mag ich auch nicht im Frühstücksbrötchen. Ebensowenig wie all die übrigen Zusatzstoffe, die im »normalen« Brot erlaubt, bei Öko aber verboten sind.

3: Gewürze. Getrocknete Kräuter und Gewürze dürfen bestrahlt sein. Das muss laut Gesetz zwar kenntlich gemacht werden – oft genug unterbleibt das jedoch (siehe auch http://idw-online.de/pages/de/news216996). Auch Tütensuppen enthalten gern mal (verbotenerweise) nicht deklarierte bestrahlte Pilze oder Gewürze. Komplett verboten ist die Bestrahlung, logisch, im Bereich Bio-Lebensmittel.

4: Basis-Gemüse wie Kartoffeln, Karotten und alles, was in der Erde wächst. Erstens wegen des Geschmacks, zweitens sind die Sachen auch in Bio-Qualität absolut bezahlbar; drittens gehe ich davon aus, dass es sich bei Gemüse, das in der Erde wächst, besonders bemerkbar macht, wie diese Erde behandelt wurde.

5: Gemüsesorten wie Rote Bete, Spinat oder Rauke (neudeutsch Rucola), die dazu neigen, **Nitrat** anzureichern. Kunstdünger liefert das Nitrat und verstärkt das Problem.

6: Bananen und Zitrusfrüchte. Schon weil ich diese mit Chemiewachs behandelten Schalen nicht anfassen mag. Und sie sind auch in Bio absolut bezahlbar.

verschließen. Die Zitronen müssen vollständig bedeckt sein. Wasser, besser: Zitronensaft, höchstens löffelweise zugeben, wenn das Salz nicht reicht.

Innerhalb der nächsten Wochen verwandelt sich das Salz allmählich in eine siruppartige Flüssigkeit, die Schale der Zitronen wird glasig und das Innere ganz wabbelig.

Wenn Sie jetzt einen Linsensalat machen *(Rezept Seite 55)*, reicht ein Achtel oder ein Viertel einer Zitrone, um eine ganz besondere, aparte Würze an den Salat zu bringen. Schneiden Sie die Zitronenschale in sehr feine Würfelchen und geben Sie sie zum Salat. Sie können auch das Innere, fein gehackt, verwenden, nachdem Sie die Kerne entfernt haben.

Die Salzzitronen passen auch zum Gemüse-Couscous *(Rezept Seite 135)*. Oder Sie machen Fischfilet im Backofen *(Rezept Seite 151)* oder backen Hühnerflügel *(Rezept Seite 171)*.

Das Salz war übrigens nicht verschwendet, denn die übrige Flüssigkeit können Sie teelöffelweise beispielsweise für Salatsaucen verwenden. Auch Curry, orientalische Reisgerichte und Fisch gewinnen durch die Zitronen bzw. durch die aromatisierte Salzlake.

Salate

Blattsalate in Bio-Qualität sind teuer, und für kleine Haushalte ist die Anschaffung begrenzt sinnvoll, weil die Haltbarkeit von Salatköpfen sehr endlich ist. Ein Trost: Der gesundheitliche Nutzen von Blattsalat wird im Großen und Ganzen überschätzt.

Wertvoller sind Salate aus »richtigem« Gemüse. Ihr Vitamingehalt liegt deutlich höher und ist auch stabiler als bei den zarten Blättchen. Also: Lieber ein Salat aus knackigen Mohrrüben als aus Kopfsalat, der schon mehrere Übernachtungen in Lastwagen, Großmarkthalle und Supermarkt durchlebt hat.

Zu beneiden sind Sie allerdings, wenn Sie Salat im eigenen Garten haben und er frisch vom Beet und ohne Vitaminverlust in die Schüssel kommt.

Die Möglichkeiten, Zutaten im Salat zu kombinieren, sind schier unendlich, und von der kleinen Beilage mit Feigenblattfunktion über die erfrischend-anregende Vorspeise bis zum sättigenden Hauptgericht kann Salat alles sein.

À propos Feigenblatt: Ohne passendes Dressing fühlt Salat sich nackt, deshalb hier ein paar Vorschläge für die korrekte Kleiderordnung.

Vinaigrette

Der Klassiker lebt von der Qualität der Zutaten: Auf 1 EL frisch gepressten **Zitronensaft** 3 EL gutes **Olivenöl**, dazu **Salz** und frisch gemahlener **Pfeffer**, das Ganze mit der Gabel flott verrührt, damit sich Öl und Saft zu einer sämigen Sauce verbinden – so ist es perfekt. Wieso Zitrone und nicht **Essig** – wo die Vinaigrette doch nach ihm benannt ist (vinaigre = Essig)? Erstens weil es schmeckt, zweitens weil dann noch ein paar Vitamine hinzukommen. Wenn Sie lieber Essig mögen, auch gut.

Eine prima Ergänzung ist **Senf**. Er vertieft den würzigen Geschmack der Sauce und macht sie noch sämiger. Ein paar Krümelchen **Zucker** setzen einen *(Achtung, Doppelsinn!)* raffinierten Kontrapunkt zur Salzigkeit der Marinade. Ideal für alle Blattsalate oder bunt gemischten Salate.

Salatsauce auf Brühe-Basis

Wer ein klares Dressing möchte, das weniger fett ist als die klassische Vinaigrette, kann mit Brühe verlängern. Gut, weil's auch für Vegetarier taugt, ist Gemüsebrühe. Besonders lecker für Nicht-Veggies: Hühnerbrühe – und zwar nicht aus Brühwürfeln *(Rezept Seite 176)*.

Joghurt- und Sahne-Dressing

Joghurt oder Sauerrahm – oder eine Mischung aus beidem – salzen und pfeffern – fertig ist die Salatsauce! So einfach geht das. Passend vor allem für die verschiedensten Arten von Gemüserohkost.

Gurkenscheiben, Karottenraspel oder geraffelte Rote Bete sind mit diesem äußerst simplen und ebenso wohlschmeckenden Dressing perfekt angerichtet.

Darf es etwas mehr sein?

In eine Vinaigrette passen vor allem alle möglichen Kräuter: Estragon oder Schnittlauch, Kerbel und Liebstöckel, Zitronenmelisse, Borretsch und ...

Joghurt- oder Sahne-Dressing lässt sich mit Senf oder Meerrettich, Knoblauch oder Chili abwandeln. Extravagant: einen Löffel Johannisbeergelee unterrühren.

Linsensalat mit Salzzitrone

Vegan

Linsen sind die einzige getrockneten Hülsenfrüchte, die nicht
eingeweicht werden müssen und trotzdem schnell fertig sind.

2 Portionen

125 g kleine Berglinsen
1/4 Salzzitrone
3 Kirschtomaten
1 Frühlingszwiebel
2 EL Olivenöl

Zubereitung: ca. 30 Minuten
Kosten: ca. 1,60 / Portion 0,80 €

Linsen in ca. 20-30 Minuten garkochen. Inzwischen Salzzitrone in
feinste Würfelchen schneiden, Tomaten vierteln, Frühlingszwiebel
in Ringe schneiden.

Gekochte Linsen kalt abschrecken, mit übrigen Zutaten mischen.

Darf es etwas mehr sein?

Wenn der Linsensalat eher Haupt- denn Nebensache sein soll,
sind in Würfel geschnittene Kartoffeln und einige Bröckchen
Schaf- oder Ziegenkäse ein gute Ergänzung.

Rote-Bete-Herzen Vegetarisch

Mit dieser so simplen wie effektvollen Mini-Vorspeise können Sie nicht nur am Valentinstag den Liebsten oder die Liebste überraschen. Sie können damit auch widerstrebende Kinder zum Gemüse-Genuss verführen.

2 Portionen
1 große Rote-Bete-Knolle
1 TL Meerrettich
3 EL Joghurt
Salz

Utensilien: kleiner Herzausstecher
Zubereiten: ca. 10 Minuten
Kochen: ca. 1 Stunde
Kosten: ca. 1,00 €

Rote-Bete-Knolle kochen, die Haut entfernen (am besten unter fließend kaltem Wasser), und die Knollen in etwa 1/2 cm dicke Scheiben schneiden. Aus Joghurt, Meerrettich und Salz eine Marinade rühren und auf jeden Teller 2 Esslöffel Sauce geben. Herzen ausstechen und auf diesen Saucenspiegel legen.

Resteverwertung:

Beim Ausstechen bleibt notgedrungen einiges an Rote-Bete-Schnipseln übrig. Deshalb hier drei Vorschläge zur Weiterverwendung:

Rote-Bete-Risotto: Risotto herstellen wie im *Risotto-Rezept Seite 96* beschrieben und die Champignons durch die feingewürfelte Rote Bete ersetzen. Statt Parmesan etwas Meerrettich darüber reiben.

Rotes Kartoffelpüree: Rote-Bete-Reste mit etwas Öl und Salz pürieren und unter frisch gemachtes Kartoffelpüree (Salzkartoffeln mit etwas warmer Milch zerstampfen) rühren.

Schneller Apfel-Rote-Bete-Salat: Rote-Bete-Würfelchen, Apfelstücke und gebratene Zwiebelscheiben mit Essig, Öl und ein wenig Sahne anmachen.

Rote-Bete-Rohkost

Rote-Bete-Salat aus dem Glas finde ich offen gestanden ziemlich öde. Wie anders dagegen die frische Knolle, roh geraspelt und nur mit etwas Joghurt und Meerrettich angemacht!

Übrigens: Auch wenn Sie nur teilweise Bio-Ware kaufen, bei Roter Bete sollten Sie es unbedingt, die Knollen speichern nämlich mehr als anderes Gemüse das im konventionellen Dünger reichlich enthaltene Nitrat.

2-3 Portionen

1 Rote-Bete-Knolle, ca. 200 g
2 EL Vollmilchjoghurt
1 EL Crème fraîche
1 TL geriebener Meerrettich, frisch oder aus dem Glas
Salz, Pfeffer
Utensilien: Reibe

Zubereiten: ca. 10 Minuten
Kosten ca. 1,00 € / pro Portion 0,35-0,50 €

Joghurt, Crème fraîche und Meerrettich miteinander verrühren und mit Salz und Pfeffer würzen.

Die Rote-Bete-Knolle mit dem Sparschäler schälen, mit der Reibe grob raffeln und mit dem Meerrettich-Joghurt mischen.

Darf es etwas mehr sein?

Schnittlauchröllchen, gehackte Petersilie **oder** Frühlingszwiebelringe sind optisch wie aromatisch eine Bereicherung.

Karottensalat mit Sesam

Vegan

Foto Seite 102

Wenn Sie es besonders knackig mögen, verwenden Sie die Möhren roh und schneiden sie mit Hilfe des Sparschälers in hauchfeine Scheibchen. Sonst die Karottenscheiben ganz kurz kochen.

2 Portionen

1-2 Karotten, ca. 200 g
Saft von 1/2 Zitrone
2 EL Öl
Salz, Pfeffer
2 EL Sesamsamen
wenn verfügbar: 1-2 Stengel Koriander oder Petersilie
Utensilien: Sparschäler

Zubereiten: ca. 15 Minuten
Kosten ca. 0,80 € / Portion ca. 0,40 €

Karotten schälen und in sehr feine Scheibchen hobeln. Wenn gewünscht, für 1 Minute in ganz wenig kochendes Wasser geben, kalt abschrecken, abtropfen lassen.

In einer Schale mit Zitronensaft, Öl, Salz und Pfeffer anmachen.

Sesamsamen in einer kleinen Pfanne rösten, bis sie merklich duften, und noch heiß über den Salat streuen. Mit Koriander- oder Petersilienblättchen garnieren.

Lauch-Orangen-Salat

2 große oder 4 kleinere Portionen
1/2 Stange Lauch
1 Orange
1 TL scharfer oder mittelscharfer Senf
100 g Sauerrahm
Salz, Pfeffer

Zubereiten: ca. 20 Minuten
Kosten: ca. 1,60 € / pro Portion ca. 0,40-0,80 €

Den Lauch putzen, waschen und in hauchfeine Ringe schneiden. Falls Ihnen der rohe Lauch zu intensiv ist, können Sie ihn kurz blanchieren. Dafür die Lauchringe in wenig kochendes Wasser geben, einmal aufkochen, in ein Sieb schütten und kalt abschrecken.

Die Orange so schälen, dass Sie die weiße Haut mit entfernen und das Fruchtfleisch sozusagen nackt ist. In Stückchen schneiden.

Für das Dressing Sauerrahm mit Senf verrühren und mit etwas Salz abschmecken. Mit dem Stabmixer bekommen Sie die Sauce schön glatt und leicht schaumig.

Lauch und Orange in eine Schüssel füllen oder portionsweise auf Teller oder Schälchen verteilen und mit Dressing übergießen. Etwas Pfeffer darübermahlen.

Darf es etwas mehr sein?

Der Salat kann auf vielfältigste Weise angereichert werden, beispielsweise durch **Apfelschnitze**, geraffelten **Sellerie**, in Streifen geschnittenen Chicoree oder Chinakohl, Walnusshälften, Karottenraspel oder geröstete Sonnenblumenkerne.

Rotkohlsalat mit Nüssen und Schafkäse

Foto Seite 106

Der farbenfrohe Salat macht an trüben Herbst- und Wintertagen richtig gute Laune. Seine innteren Werte sind auch nicht ohne, vor allem der rohe Kohl und die Walnüsse sind Medizin vom Feinsten.

4 Portionen

1 sehr kleiner Kopf Rotkohl (Blaukraut)
1 Orange
1 Päckchen Schafkäse (150 oder 180 g)
6 Walnüsse
1 Frühlingszwiebel
Pfeffer
2 EL Olivenöl

Zubereiten: ca. 45 Minuten
Kosten: ca. 5,40 € / Portion ca. 1,35 € €

Den Kohl vierteln und den Strunk herausschneiden. Die Viertel nochmal halbieren und den Kohl in millimeterdünne Streifen schneiden und in eine Salatschüssel geben. Die Orange schälen und in Stückchen schneiden und dazugeben.

Die Walnüsse öffnen, grob zerkleinern – dafür brauchen Sie kein Werkzeug, das geht mit den Fingern. Frühlingszwiebeln in feine Ringe schneiden. Den Salat mischen, erst dann den Schafkäse darüberbröckeln.

Salz benötigen Sie übrigens nicht, der Schafkäse liefert genügend, Essig brauchen Sie ebenfalls nicht, weil Orange und Schafkäse ausreichend Säure mitbringen. Nur pfeffern und ein bisschen Öl über den Käse träufeln.

Bio ist teuer? Wie sich die Lebensmittelpreise entwickelt haben

Die Bayern im allgemeinen und die Münchner im besonderen ereifern sich gern über den Bierpreis. 1844 tobten in München sogar tagelang Unruhen, weil die Behörden die Biersteuer erhöht hatten. Am Ende gab der Staat klein bei, die Erhöhung wurde zurückgenommen.

1950 kostete eine Mass Bier auf dem Oktoberfest 1,60 Mark, ein Hühnerei auf dem Markt 20 Pfennige. Auf der Wiesn 2010 waren für den Liter Bier im Schnitt 8,80 Euro fällig. Analog zu dieser Erhöhung um das Elffache – sie scheint im Rahmen zu sein, denn von einer Bierpreis-Revolution konnte in den vergangenen sechzig Jahren nicht die Rede sein – müsste heute ein Ei 1,10 Euro kosten. Doch selbst im Bioladen bekommt man für diesen Betrag drei Eier oder sogar vier.

Was die Anekdote zeigen soll? Dass Bio-Lebensmittel keineswegs teuer sind. Vielmehr haben sich die Lebensmittelpreise im konventionellen Bereich bei uns relativ zur gesamten Preisentwicklung stetig nach unten bewegt, das heißt, der Anstieg der Lebensmittelpreise lag immer niedriger als die gesamte Preisentwicklung.

Was wir im Naturkosthandel bezahlen, entspricht – inflationsbereinigt – gerade mal dem, was in den 60er bis 80er Jahren im gewöhnlichen Supermarkt zu berappen war.

Der Preis für immer billigere Produkte: Damit es sich noch irgendwie rechnet, müssen immer weniger Bauern in immer größeren Betrieben immer größere Mengen an Nahrungsmitteln erzeugen. Auch die Tiere müssen immer effizienter »arbeiten«, auf möglichst engem Raum in immer kürzerer Zeit immer mehr Milch, mehr Eier, mehr Koteletts liefern.

Übrigens nicht nur die Bauern bei uns: Ein absolutes Kuriosum in Sachen Preisstabilität ist Schokolade. Als ich ein Kind war – und ich versichere Ihnen, das ist eine Weile her – kostete Schokolade eine Deutsche Mark. Auch als Teenager bekam ich die süß-schmelzende Leckerei für eine Mark, und als Studentin konnte ich sie mir – immer noch für eine Deutschmark – problemlos leisten. Inzwischen hat auch mein Sohn schon manche Tafel verputzt – Kostenpunkt eine Mark.

Heute bezahle ich für Bio-Schokolade zwischen einem und zwei Euro, je nach Laden und Sorte. Inflationsbereinigt ist das immer noch sehr viel weniger als die Mark vor bald einem halben Jahrhundert. Wie es wohl den Kakaobauern damit geht?

Nudelsalat mit Schafkäse

Den gibt es bei mir immer wieder, vor allem im Sommer. Man kann ihn mitnehmen, er ist robust und macht nicht schlapp. Kapern, Frühlingszwiebeln, Schafkäse und getrocknete Tomaten verleihen ihm intensive Würze.

6-8 Portionen

500 dicke Röhrennudeln (Rigatoni)
1 Bund Frühlingszwiebeln
1 Knoblauchzehe
2 EL Kapern und etwas Flüssigkeit aus dem Kapernglas
6 in Öl eingelegte getrocknete Tomaten und etwas Öl aus dem Glas
1 Paket (ca. 180 g) Schaf-Feta
Pfeffer

Zubereiten: ca. 30 Minuten
Kosten: ca. 7,20 € / Portion 0,90-1,20 €

Die Nudeln nach Packungsanweisung kochen.

Inzwischen eingelegte Tomate in ganz feine Streifen, Frühlingszwiebeln in dünne Ringe schneiden. Knoblauch fein hacken oder durch die Presse drücken.

Nudeln kalt abschrecken gut abtropfen lassen und in eine große Schüssel füllen. Tomate, Frühlingszwiebel, Kapern und Knoblauch unter die Nudeln mischen, 2-3 EL Kapernwasser aus dem Glas dazugießen und Öl von den eingelegte Tomaten. Den Schafkäse darüberbröckeln. Grob gemahlenen Pfeffer darüberstreuen. Salz ist nicht nötig, durch Käse, Tomaten und Kapern ist der Salat ausreichend gewürzt.

Panzanella – toskanischer Brotsalat Vegan

Foto Seite 106

Immer wieder gibt es Gerichte, bei denen überrascht, wie einfach und lecker zugleich sie sind. Hier die absolute Basis-Variante des italienischen Brotsalats – keinesfalls die schlechteste.

1-2 Portionen

1 alter Weißbrotkanten, ca. 100 g
6-8 Kirschtomaten oder 1 größere Tomate
1 Knoblauchzehe
1 EL Essig
3 EL Olivenöl
Salz, Pfeffer
einige Basilikumblätter

Zubereiten: ca. 15 Minuten
Ruhen lassen: wenigstens 1 Stunde
Kosten: ca. 1,40 € / Portion 0,70-1,40 € – davon entfällt fast die Hälfte aufs Öl, denn in diesem Fall sollte es wirklich gutes sein!

Das Brot in hauchdünne Scheibchen schneiden. In einer Schüssel mit einigen Löffeln Wasser und dem Essig mischen, damit es weichen kann. Wenn das Wasser vollständig aufgesogen, das Brot stellenweise aber noch trocken ist, ganz wenig Wasser nachgießen.

Tomaten putzen und kleinschneiden, Knoblauch in hauchfeine Scheibchen hobeln, Basilikumblätter grob zerkleinern.

Das eingeweichte Brot mit Tomaten, Knoblauch und Basilikum mischen, salzen und pfeffern. Zuletzt das Öl darübergießen.

Darf es etwas mehr sein?

Der Salat lässt sich auf vielfältige Weise anreichern. Erstes Plus wären Frühlingszwiebeln. Wunderbar ist der Salat mit Kapern.

Außerdem mache ich mir ein wenig Mühe mit der Marinade, indem ich einen halben Brühwürfel, ein Stückchen Zwiebel und 1 Lorbeerblatt in 125 ml Wasser aufkoche, sofort ausschalte und abkühlen lasse. Den abgekühlten Sud – und er muss wirklich vollständig ausgekühlt sein, weil sonst das Brot matschig wird – gieße ich über die Brotstücke.

Ein hartgekochtes Ei, in Viertel oder Achtel geschnitten, macht sich ebenfalls gut im Brotsalat. Zu den klassischen Beigaben gehört die feingehackte Sardelle, die untergemischt wird. Es gibt Varianten, bei denen das Brot geröstet wird. Das schmeckt zwar gut, aber nicht unbedingt besser. Aufwendiger ist es jedenfalls.

Salat von weißen Riesenbohnen

4 Portionen

250 g weiße Riesenbohnen, getrocknet
1 Knoblauchzehe
Saft von 1 Zitrone
3 EL Olivenöl
Salz, Pfeffer
1 Frühlingszwiebel, 4 Kirschtomaten

Zubereiten: ca. 15 Minuten
Einweichen: 12 Stunden / Kochen: 1 Stunde
Kosten: ca. 2,80 € / Portion ca. 0,70 €

Bohnen über Nacht einweichen, am nächten Tag in ungesalzenem Wasser weichkochen, dauert etwa 1 Stunde. Bohnen kalt abschrecken, in einer Schüssel mit der zerquetschten Knoblauchzehe, Zitronensaft und Öl anmachen, mit Salz und grobgemahlenem Pfeffer kräftig abschmecken.

Frühlingszwiebel in feine Ringe, Tomaten in Viertel schneiden und in den Salat mischen. Vor dem Essen eine halbe Stunde durchziehen lassen.

Darf es etwas mehr sein?

Auch dieser Salat gewinnt durch etwas feingewürfelte Salzzitronenschale *(Rezept Seite 50)*.

Semmelknödelsalat

Foto Seite 106

Semmelknödel sind selbst schon aus Brotresten gemacht; aus übriggebliebenen Knödeln Salat zu machen, ist also doppelte Resteverwertung. Dabei ist das im Sommer ein tolles Gericht und – nicht nur für Vegetarier – eine erstklassige Alternative zu Wurstsalat.

2 Portionen

2-3 Semmelknödel
3 EL neutrales Öl
1 EL heller Essig
1 Zwiebel, besonders hübsch macht sich eine rote Zwiebel
1 TL scharfer oder mittelscharfer Senf
Salz, Pfeffer

Zubereiten: 10 Minuten
Kosten: ca. 1,00 € / Portion 0,50 €

Knödel in dünne Scheiben schneiden und auf zwei Tellern ausbreiten. Zwiebel in hauchfeine Ringe schneiden und darübergeben.

Aus Öl und Essig, Senf, Salz und Pfeffer eine sämige Marinade rühren und über die Knödel gießen. Alles mischen, fertig.

Darf es etwas mehr sein?

Schnittlauchröllchen machen sich gut auf dem Salat, Petersilie oder Koriander geht auch. Tomatenscheiben und Essiggürkchen sind ebenfalls eine Bereicherung für den Salat.

Suppen

»Ich lebe von guter Suppe und nicht von schöner Rede« heißt es bei Molière, und dass es mit einem, der eine gute Suppe verschmäht, ein böses Ende nehmen kann, zeigt die Geschichte vom Suppenkasper.

Suppe ist nahrhaft und tröstlich, sie wärmt Leib und Seele. Und sie gehört – wir vergessen mal, dass es so etwas wie Hummersuppe gibt – zu den preiswertesten Speisen. Kein Wunder, dass im Krisenjahr 2009 der Suppenabsatz in die Höhe schnellte.

Etwa 100 Teller Suppe isst der Bundesbürger im Schnitt pro Jahr, mehr als die Hälfte davon kommt aus Tüten oder Dosen. Das ist schade, man könnte sogar sagen, widersinnig – denn die meisten Suppen, auch die köstlichsten, machen wenig Arbeit.

In den Tütensuppen ist außerdem praktisch immer das Gleiche drin: gehärtetes Fett, Salz, Geschmacksverstärker (bzw. Hefeextrakt, was aufs selbe hinausläuft) sowie Aromastoffe, bei denen nur eins sicher ist: dass sie nicht aus den Zutaten hergestellt sind, nach denen die Suppe schmecken soll.

Frisch gemacht schmeckt die Suppe deshalb nicht nur viel besser, sondern ist auch vom Nährstoffgehalt her entschieden wertvoller.

Zum Beispiel Gemüsesuppen: Sie sind so unkompliziert und fix gemacht und bieten so viele Variationsmöglichkeiten, dass nichts dagegen spricht, sie täglich zu genießen.

Gemüsecremesuppe – Grundrezept   *Vegetarisch*

Der Haupttrick besteht darin, sich für EINE Sorte Gemüse zu entscheiden. Wenn Sie viele Sorten zusammen in einen Topf packen, haben Sie vielleicht eine ganz nette Mischung, aber weniger Möglichkeiten zu variieren. Mit der Entscheidung für eine Sorte setzen Sie einen klaren Akzent und haben eine Fülle von Möglichkeiten, nach einem einzigen simplen Rezept Dutzende verschiedene Suppen herzustellen. Dann gibt es bei Ihnen vielleicht demnächst am Montag ein Karottensüppchen, am Dienstag Lauchcremesuppe, am Mittwoch darf der Sellerie die Hauptrolle spielen, donnerstags ist die Erbse dran, am Freitag wartet schon der Blumenkohl auf seinen Einsatz, Samstag ist Wirsingtag undsoweiter undsoweiter.

Ein Gemüse ist still und heimlich jedes Mal dabei: die Zwiebel – außer Sie mögen sie partout nicht, was bedauerlich wäre. Wenn die Suppe etwas gehaltvoller sein darf, macht sich immer auch eine Kartoffel als Dreingabe gut. Wer auf Milchprodukte verzichten möchte, hat damit auch den idealen Weg, die Suppe zu legieren.

Das Zerkleinern des Gemüses macht wenig Arbeit: Da die Suppe ohnehin püriert wird, braucht es nur grob zerteilt zu werden.

Für 2 Personen

1 Zwiebel
wenn gewünscht: 1 Knoblauchzehe
1-2 EL Öl oder Butter
250 g Gemüse Ihrer Wahl
evtl. 1 Kartoffel
1/2 Gemüsebrühwürfel
Salz, Pfeffer
1/2 Becher (75 g) Crème fraîche
evtl. frische Kräuter

Utensilien: Pürierstab

Zubereiten: ca. 10 Minuten
Kochen: 10-15 Minuten
Kosten: abhängig von der Gemüsesorte ca. 0,90-1,80 € /
pro Person 0,40-0,90 €

Die Zwiebel und ggf. den Knoblauch häuten, grob zerkleinern und im Fett andünsten.

Inzwischen Gemüse putzen und ebenfalls grob zerteilen. Im Wasserkocher gut 1/2 l Wasser erhitzen.

Sobald die Zwiebel zu bräunen beginnt, das übrige Gemüse mit in den Topf geben und leicht anrösten. Mit dem heißen Wasser aufgießen, den Brühwürfel hinzufügen. Im geschlossenen Topf köcheln lassen, bis das Gemüse gar ist. Je nach Sorte und Größe der Stückchen, sollte das in 10-15 Minuten soweit sein.

Suppe mit dem Stabmixer pürieren. Crème fraîche unterrühren.

Darf es etwas mehr sein?

Mit passenden Gewürzen können Sie den Charakter des jeweiligen Gemüses unterstreichen. Etwas Ingwer in die Karottensuppe, Kümmel zum Wirsing, gemahlener oder grob zerstoßener Koriander zu Sellerie – Ihnen werden noch viele Möglichkeiten einfallen. Auch hier gilt wieder: Entscheiden Sie sich für EIN Gewürz, das verleiht der ganzen Sache mehr Charakter als eine Mischung verschiedener Aromen, die schnell beliebig wirkt.

Bunte Gemüsesuppe

Vegan

Foto Seite 103

Bei dieser Suppe gilt: Mehr ist mehr! Je größer die Menge sein darf, desto reicher kann die Vielfalt der verwendeten Gemüsesorten sein, desto eher macht die »bunte« Suppe ihrem Namen Ehre!

8 Portionen

1-2 große Zwiebeln
100 g Kirschtomaten
200 g Zucchini
2-3 Knoblauchzehen
400 g Kartoffeln
250 g Karotten
4 EL neutrales Öl
1 Lorbeerblatt
1 Glas (oder die entsprechende Menge aus getrockneten Bohnen selbst gekochte) weiße Bohnen
Salz, Pfeffer
1/2 Stangenweißbrot (»Parisienne« o.ä.)
Frische Kräuter nach Belieben und Verfügbarkeit,
z.B. Petersilie, Liebstöckel
4 EL Olivenöl

Weitere passende Gemüsesorten: Lauch, Kohlrabi, Erbsen, grüne Bohnen, Wirsing – eigentlich das meiste, was die Jahreszeit hergibt (nur Auberginen und Paprika wollen sich nicht so recht einfügen)

Zubereiten: ca. 60 Minuten
Kochen: ca. 20 Minuten
Kosten: ca. 6,40 € / Portion 0,80 €

Alles Gemüse putzen und in Würfel, Scheiben oder Streifen schneiden. Das neutrale Öl in einem ausreichend großen Topf erhitzen und darin zuerst die Zwiebeln andünsten. Die anderen Gemüsesorten nach und nach hinzufügen, zuerst solche, die etwas länger brauchen wie Karotten und Kartoffeln, einige Minuten später schnellgarende Sorten wie Lauch oder Zucchini, mit ihnen auch den Knoblauch. Tomaten und Bohnen kommen erst später dazu.

Das Gemüse soll gut von allen Seiten angedünstet sein und darf ruhig etwas Farbe annehmen.

2 Liter Wasser dazugießen, einige Stengel Kräuter und das Lorbeerblatt hinzufügen und die Suppe zum Kochen bringen. Erst wenn Karotten und Kartoffeln gar sind, Tomaten und weiße Bohnen dazugeben. Mit Salz und Pfeffer abschmecken.

Wenn die Suppe fast fertig ist, das Brot in 8 Scheiben schneiden und im Toaster oder einer Pfanne rösten.

Die Suppe in vorgewärmte Teller verteilen, jeweils eine geröstete Brotscheibe darauf legen und mit etwas Olivenöl beträufeln.

Schnelle Erbsensuppe mit oder ohne Krabben

Einzelne Leser haben moniert, dass ich für manche Gerichte zuviel Energie aufwende. Das habe ich mir zu Herzen genommen und stelle Ihnen hier eine Suppe vor, bei der gar nicht lange geköchelt wird. Angetaute Erbsen werden lediglich mit kochender Gemüsebrühe übergossen, püriert und zusammen mit Sahne oder Crème fraîche kurz erhitzt.

Die Suppe schmeckt so schon ganz vorzüglich. Ein paar schnell in Butter gebrutzelte Garnelen dazu werten das Gericht zu einem schicken Gästeessen auf. Tiefgekühlte Garnelen aus Bio-Aquakultur gibt es ab 3,50 Euro für 250 Gramm. Ein Drittel der Packung reicht, um die Suppe aufzupeppen. Der Rest kommt zurück in die Kühlung und kann bei nächster Gelegenheit etwa für Linguine mit Spinat und Garnelen *(Rezept Seite 155)* herhalten.

4 Portionen

1 Packung TK-Erbsen (450 g)
100 ml Sahne oder Crème fraîche
1/2 Gemüsebrühwürfel
Salz
1 Spritzer Zitronensaft
Plus: evtl. 100 g TK-Garnelen + 1 EL Butter

Zubereiten:
für die Suppe gut 5 Minuten
fürs Garnelenbraten weitere 3 Minuten
Kosten: ca. 2,00 € ohne, ca. 3,50 € mit Garnelen / Portion ca. 0,50 bzw. 0,90 €

Einen halben Wasser aufkochen und den Brühwürfel darin auflösen. Die gefrorenen Erbsen in einen Topf schütten und mit der kochenden Brühe übergießen, einmal aufkochen. Mit dem Pürierstab nur soweit zerkleinern, dass noch reichlich Stückchen in der Suppe sind.

Wenn gewünscht, nebenher in einer kleinen Pfanne die Butter erhitzen und darin die Garnelen 2-3 Minuten braten. Die fertige Suppe in Teller oder Schalen füllen, die Garnelen darauf verteilen.

Darf es etwas mehr sein?

Mit Knoblauch und/oder einem Stückchen Ingwerwurzel, mit Zitronengras und etwas Cayennepfeffer oder auch mit Koriandergrün lassen sich passende pikante Akzente setzen.

Gazpacho andaluz – kalte Gemüsesuppe   *Vegan*

Die berühmte kalte Gemüsesuppe aus Südspanien ist im Grunde so etwas wie flüssiger Salat und an heißen Tagen eine wunderbare Erfrischung. Auch für Alleinlebende lohnt es sich, gleich etwas mehr davon zu machen und bei Bedarf ab und zu ein Portiönchen aus dem Kühlschrank zu holen.

4 Portionen:

1 kleine grüne Paprikaschote
3 Tomaten
1 Salatgurke
1 Knoblauchzehe
75 ml Olivenöl
Saft von 1/2 Zitrone
1 gestrichener TL Salz
3 EL Semmelbrösel
Utensilien: *Mixer oder Pürierstab*

Zubereiten: ca. 10 Minuten
Kosten: ca. 4,00 € / pro Portion: ca. 1,00 €

Gemüse waschen und trockenreiben. Von der Gurke 1 dicke Scheibe zur Seite legen.

Restliche Gurke, Paprika und Tomaten grob zerkleinern und zusammen mit Knoblauch, Öl, Zitronensaft, 150 ml Wasser, Salz und Semmelbröseln im Mixer pürieren.

In Suppenschalen verteilen. Übrige Gurke in feinste Würfelchen schneiden und über die Suppe streuen.

Darf es etwas mehr sein?

Wer es scharf mag, kann ein Stück frische Chilischote mitpürieren. Ist aber nicht typisch spanisch.

Kartoffelsuppe – mit oder ohne Würstchen

Kartoffelsuppe ist DAS Synonym für preisgünstige deftige deutsche Küche, im kollektiven Gemüt tief verankert, und man wird ihrer kaum überdrüssig.

Hier eine sehr schlichte Variante, schnell gemacht. Ein halbes Wiener Würstchen pro Person, in die fertige Suppe geschnippelt, stillt Nicht-Vegetariers Fleischeslust. Vegetarier verfeinern die Suppe statt dessen mit einem Batzen Crème fraîche.

2 Portionen

2 mittelgroße Kartoffeln, zusammen ca. 250 g
1 Karotte
1 Stückchen Knollensellerie
1 Zwiebel
3 EL Öl
1 TL getrockneter Majoran
Salz, Pfeffer
1/4 Bund Schnittlauch, ersatzweise Petersilie
1 Wiener Würstchen oder 2 gehäufte TL Crème fraîche

Zubereiten: ca. 30 Minuten
Kosten: ca 1,20 € + 0,70 € für Würstchen oder 0,30 €
für Crème fraîche / pro Person 0,95 bzw. 0,75 €

Kartoffeln, Karotte und Sellerie schälen, Zwiebel häuten. Kartoffeln in kleine, übriges Gemüse in sehr kleine Würfel schneiden.

Öl in einem Topf erhitzen und das Kleingeschnittene darin anbraten. Das Gemüse soll natürlich nicht anbrennen, darf aber durchaus etwas bräunen. 1/2 Liter Wasser dazugießen, 1/4 TL Salz hinzufügen. Majoran zwischen den Händen zerreiben und ebenfalls zur Suppe geben. Solange köcheln lassen, bis die Kartoffeln weich sind.

Während die Suppe kocht, Schnittlauch in feine Ringe, Würstchen in Scheiben schneiden.

Mit einer Gabel oder, falls vorhanden, einem Kartoffelstampfer, die Kartoffeln teilweise zerdrücken, damit die Suppe sämig wird.

Suppe mit Salz und Pfeffer abschmecken.

Die Würstchenscheiben kurz in der heißen Suppe ziehen lassen oder Crème fraîche unterrühren. Schnittlauch dazugeben.

Tipp:

Falls Sie Platz im Tiefkühlfach oder -schrank haben, lohnt es sich unbedingt, von dieser Suppe gleich etwas mehr zu machen und portionsweise einzufrieren, um bei Bedarf schnell etwas Wärmendes für Leib und Seele parat zu haben.

Kürbissuppe

Foto Seite 111

Hin und wieder kommt es vor, dass jemand – in offenkundiger Erwartung von begeisterter Zustimmung – anbietet: »Soll ich Kürbissuppe machen?« Oder: »Soll ich Kürbissuppe mitbringen?« Wenn ich dann gestehe, dass Kürbissuppe nicht eben zu meinen Leibspeisen zählt, antwortet jeder und jede unweigerlich, und zwar wortwörtlich gleichlautend: »Aber ICH mache die Kürbissuppe mit Ingwer.« Ja doch, ist ja gut. JEDER macht Kürbissuppe mit Ingwer, das gehört sich anscheinend so.

Da Kürbissuppe offenbar so beliebt ist, fühle ich mich verpflichtet, ein entsprechendes Rezept beizusteuern. Andererseits möchte ich Ihnen keine Suppe anbieten, die mir selber nicht schmeckt. Also habe ich versucht, mir eine etwas andere Kürbissuppe auszudenken. Ohne den üblichen Süß-Sauer-Effekt. Schaumer mal, ob Sie sie auch mögen.

6 Portionen

1 kleiner Hokkaido-Kürbis (ca. 700 kg) oder eine Scheibe (ca. 1 kg) vom Gelben Riesen
1 große Zwiebel
1 Knoblauchzehe
1/2 Bund Dill, ersatzweise Petersilie
2+1 EL Butter oder Öl
1 TL Kümmel
750 ml heiße Gemüsebrühe (aus Brühwürfel)
Salz, Pfeffer
100 ml Sahne oder Crème fraîche

Utensilien: Pürierstab

Zubereiten: ca. 40 Minuten
Kosten: ca. 3,60 € / pro Portion ca. 0,60 €

Zubereiten:

Kürbis nur waschen und trockenreiben, wenn's ein Hokkaido ist, schälen, wenn's eine andere Sorte ist. Kerne und Fasern entfernen. Fruchtfleisch grob würfeln. Zwei, drei Würfel zur Seite legen.

Zwiebel fein, Knoblauch grob hacken. Dillspitzen abzupfen und hacken.

2 EL Butter oder Öl in einem Topf erhitzen und darin Zwiebel und Knoblauch anbraten, nach 1 Minute die Kürbiswürfel – bis auf die wenigen beiseite gelegten – und den Kümmel dazugeben. Das Ganze soll natürlich nicht anbrennen, darf aber durchaus leicht bräunen.

Die Gemüsebrühe dazugießen, 5 Minuten köcheln lassen. Währenddessen die restlichen Kürbisstücke sehr fein würfeln und in einer kleinen Pfanne in 1 EL Butter braten, leicht salzen.

Die Crème fraîche hinzufügen. Suppe pürieren, mit Salz und Pfeffer abschmecken.

Zum Anrichten die Suppe in Teller verteilen, jeweils etwas Crème fraîche, ein paar gebratene Kürbiswürfelchen und etwas Dill darübergeben.

Dazu Butterbrot – fertig ist das Abendessen.

Info:

Der kleine kugelige Hokkaido-Kürbis mit seiner orange-roten Farbe hat sich in den letzten Jahren flächendeckend durchgesetzt. Sein größtes Plus: Sie brauchen ihn nicht zu schälen.

Vor allem auf Wochenmärkten gibt es aber auch den bei uns traditionell verbreiteten »Gelben Riesen« oder »Gelben Zentner«, dessen Name keiner weiteren Erklärung bedarf. Davon kann man sich einfach eine Scheibe in der gewünschten Größe abschneiden lassen. Kostenpunkt: Oft nicht mehr als 1 Euro pro Kilo.

Vorteil des Hokkaido gegenüber den meisten anderen Sorten: Er enthält weniger Wasser und dadurch mehr Nährstoffe, mehr Vitamin B und C, mehr Karotin, mehr Eisen.

Rumfordsuppe

Foto Seite 103

Eine Münchner Spezialität, fast vergessen, ist die Rumford-Suppe. Benjamin Thompson Graf von Rumford, vom bayerischen Kurfürsten geadelter Amerikaner, hatte nicht nur die Idee, 1789, als in Frankreich die Revolution tobte, den Münchnern den Englischen Garten als Volksgarten zu spendieren, er entwickelte auch die nach ihm benannte Suppe zur besseren Ernährung der mittellosen Bevölkerung. Die Hauptbestandteile dieser »Armenspeise« sind getrocknete Erbsen und Gerstengraupen, dazu Kartoffeln, Suppengemüse und ein wenig Speck. Der Volksmund lästerte sogleich: »Rumford – was rum liegt und fort muss.« Dabei ist die Suppe gar nicht übel, sondern erfüllt ihren Zweck perfekt: Sie ist preiswert, macht richtig satt, ist gesund und schmeckt.

Rumford zufolge sind die wichtigste Zutat die Gerstengraupen. Er schrieb: »Alle andere europäischen Kornarten und Hülsen-Früchte, womit ich Versuche anstellte, thaten nur immer die halbe Wirkung, und gaben bey einerley Kosten nur die Hälfte Nahrungsstoff. ... Sie giebt ... einen Reichthum an nährenden Stoff, den nichts anderes zu geben im Stande ist.«

Für 4 Personen

150 g grüne Trockenerbsen
50 g Gerstengraupen
1 Zwiebel
1 Knoblauchzehe
250 g Kartoffeln
2 Karotten
2 EL Öl
1 l Fleisch- oder Gemüsebrühe
1/2 kleine Lauchstange
1 Stange Sellerie
1 knapper TL getrockneter Majoran

Salz, Pfeffer
40 g Rohschinken (evtl. weglassen)

Einweichen der Trockenerbsen: mindestens 4 Stunden
Zubereiten: ca. 25 Minuten
Kochen: ca. 75 Minuten
Kosten: ohne Schinken ca. 2,50 €, mit Schinken ca. 3,50 € /
Portion ca. 0,65 € bzw. 0,90 €

Die Trockenerbsen einige Stunden, gerne über Nacht, einweichen. Im Einweichwasser etwa 40 Minuten garen und erst zu Ende der Garzeit salzen. In den letzten 10 Minuten die Graupen mitkochen.

Inzwischen Kartoffeln, Karotten, Zwiebel und Knoblauch schälen, würfeln und im Öl andünsten. Sobald das Gemüse Farbe annimmt, mit der Brühe aufgießen und zum Kochen bringen. Erbsen, Graupen und den Majoran zufügen, 20 Minuten garen.

Inzwischen den Lauch und Sellerie putzen und in feine Ringe bzw. Scheibchen schneiden und zur Suppe geben. Suppe mit Salz und Pfeffer abschmecken.

Zum Servieren den Schinken in sehr feine kleine Streifen schneiden, in Teller oder Suppentassen verteilen und die Suppe darübergießen.

Brotsuppe

Foto Seite 103

Trockene Brotreste, die ich so nicht mehr essen mag, schneide ich, BEVOR sie endgültig steinhart werden, so dünn wie möglich auf und habe damit die perfekte Grundlage für Brotsuppe.

2 Portionen

100 g dünn aufgeschnittene Brotreste
1 Zwiebel
1 kleine Karotte
3 EL Öl (das mag Ihnen viel vorkommen, aber es ist das einzige Fett in der Suppe)
1 Lorbeerblatt
1 Gemüsebrühwürfel
etwas Petersilie oder Schnittlauch

Zubereiten: ca. 25 Minuten
Kosten: ca. 0,90 € / Portion ca. 0,45 €

Die Zwiebel häuten und fein würfeln oder in dünne Ringe schneiden. Karotte putzen und fein aufschneiden.

Das Öl in einem Topf erhitzen und die Zwiebel darin sanft anschmurgeln. Nach 2 Minuten das Brot dazugeben und mit anbraten. Zuletzt die Karotten noch 2 Minuten mitbraten.

Wenn alles kräftig duftet und leicht gebräunt ist, 1/2 Liter Wasser dazugießen und 1 Lorbeerblatt sowie den Gemüsebrühwürfel dazugeben.

Sachte köcheln, bis die Karottenscheiben gar sind. In vorgewärmte Teller füllen und mit etwas Petersilie oder Schnittlauch bestreuen.

Variante:
Das Rezept funktioniert auch mit Brezenresten.

Scharfe Sauerkrautsuppe

Wenn Weißkohl vergärt und zu Sauerkraut wird, vermehren sich explosionsartig die darin enthaltenen Vitamine. Die Milchsäurebakterien wirken probiotisch, da brauchen wir gar kein »functional food«. Kostbares Geschenk für Veganer: Sauerkraut enthät das in pflanzlichen Lebensmitteln sonst nicht vorhandene Vitamin B12. Senföle wiederum wirken antibakteriell – und wenn ich jetzt sämtliche Vorzüge des Krauts aufzählen wollte, würde der Platz nicht reichen. Kurzum, Sauerkraut ist fast so etwas wie eine natürliche Apotheke.

4 Portionen

300 g Sauerkraut
2 große Kartoffeln, zusammen ca. 300 g
1 Karotte
1 Zwiebel
1-2 EL Butter oder Öl oder auch Schmalz
1/2 bis 1 ganze Chilischote, ersatzweise 1 TL Cayennepfeffer (je nach gewünschtem Schärfegrad gerne auch mehr oder weniger)
1/2 TL Kümmel
2 EL Tomatenmark
100 g Sauerrahm oder Schmand

Zubereiten: ca. 40 Minuten
Kochen: 30 Minuten
Kosten: ca. 2,80 € / Portion ca. 0,70 €

Zwiebel häuten, in kleine Würfel schneiden und im Fett andünsten.

Während die Zwiebel leise gart, haben Sie Zeit, Kartoffeln und Karotte zu schälen und ebenfalls in kleine Würfel zu schneiden. Dazugeben und bei schwacher Hitze zugedeckt 10-12 Minuten weiterdünsten.

Inzwischen das Kraut hacken, damit Sie hinterher nicht mit langen Fasern, die vom Löffel rutschen, zu kämpfen haben. Chili entkernen und in feine Ringe schneiden. Chili, Kraut und Kümmel mit in den Topf geben, 1/2 Liter Wasser dazugießen, Tomatenmark unterrühren.

Wieder zudecken und weitere 30 Minuten leise köcheln lassen.

Darf es etwas mehr sein?

Wer dem Fleisch verfallen ist, legt in den letzten 30 Minuten **Wurst** – zum Beispiel für jeden eine Pfälzer oder auch nur ein kleines Bratwürstchen oder etwas kleingeschnittenes **Rauchfleisch** – auf das Kraut. Dem Geschmack der Suppe ist das durchaus zuträglich.

Zwiebelsuppe

Ganz simple Zutaten fein verpackt – ein echter Geniestreich der französischen Küche!

2 Portionen

200 g (2 große oder 3-5 kleinere) Zwiebeln
2 EL Öl oder Butter
1/2 Gemüsebrühwürfel
wenn gerade eine Flasche offen ist: 1/2 Glas Weißwein
2 Scheiben Weißbrot oder 1 Semmel, gerne vom Vortag
Pfeffer
2 EL geriebener Käse

Utensilien: feuerfeste Suppentassen, ersatzweise kleiner Topf ohne Kunststoffgriffe

Zubereiten: ca. 30 Minuten
Kochen / Überbacken: ca. 25 Minuten
Kosten: ca. 1,20 € / Portion ca. 0,60 €

Zwiebel(n) häuten und in feine Ringe schneiden, in Öl oder Butter glasig dünsten. 1/2 Liter Wasser (+ evtl. 1/2 Glas Weißwein, dann entsprechend weniger Wasser) und den Brühwürfel hinzufügen und aufkochen. 15 Minuten köcheln lassen, mit Salz und Pfeffer abschmecken.

Backofen auf 200 Grad C stellen. Brot oder Semmelscheiben im Toaster oder in der Pfanne rösten.

Wer feuerfeste Suppentassen besitzt, füllt diese mit Suppe, legt jeweils 1 Scheibe geröstetes Brot oder 2-3 Semmelscheiben obenauf und bestreut das Ganze mit geriebenem Käse. Sonst die Suppe einfach im Topf lassen, mit Brot und Käse bedecken und in den Ofen schieben.

Überbacken, bis sich eine appetitliche Kruste gebildet hat.

Grießnockerlsuppe mit Gemüsestreifen   Vegetarisch

Meine Mutter hatte im Vorratsschrank immer etliche Tütchen »Nockerlgrieß« für die allfällige Grießnockerlsuppe bereitliegen. Die Suppe liebe ich noch immer, aber einen eigens abgepackten Nockerlgrieß braucht es dafür nicht.

3-4 Portionen

40 g weiche Butter
80 g Hartweizengrieß
Salz
1 Ei
1 Karotte
1/4 Lauchstange oder 3 Frühlingszwiebeln
750 ml Gemüsebrühe

Zubereiten: *ca. 20 Minuten*
Kochen: *ca. 15 Minuten*
Kosten: *ca. 1,50 € / Portion 0,40-0,50 €*

Die Butter mit dem Grieß und 1/4 TL Salz gründlich vermengen, dann das Ei unterrühren.

Karotte und Lauch in sehr feine Streifen schneiden, deren Länge so bemessen sein soll, dass sie bequem auf den Löffel passen.

Gemüsebrühe erhitzen, die Gemüsestreifen dazugeben. Von der Grießmasse mit dem Teelöffel kleine Nocken abstechen und in die Suppe geben. Nicht stark kochen, nur sachte ziehen lassen, damit die Klößchen nicht zerfallen.

In etwa 15 Minuten sollten sich die Grießnockerl auf stattliches Format vergrößert haben und damit servierbereit sein.

Darf es etwas mehr sein?

Für Nichtvegetarier kann hier eine schöne Fleischbrühe zur Anwendung kommen.

Radieschenblättersuppe Vegetarisch

Radieschenblätter sind zum Wegwerfen viel zu schade. Ihr herb-pikantes Aroma macht sich zum Beispiel in dieser Suppe gut.

2-3 Portionen

Blätter von 1 Bund Radieschen
1 kleine Zwiebel
1 Knoblauchzehe
1 große oder 2-3 kleine Kartoffeln
1 EL Öl oder Butter
1/2 Gemüsebrühwürfel
Salz, Pfeffer
2 EL Crème fraîche

Zubereiten: ca. 25 Minuten
Kosten: ca. 1,30 € / Portion 0,45-0,65 € (Radieschenblätter mit 0,30 € angesetzt)

Radieschenblätter waschen, abtropfen lassen und hacken oder in feine Streifen schneiden. Zwiebel, Knoblauch und Kartoffel(n) fein würfeln.

Öl oder Butter in einem Topf erhitzen, vorbereitete Zutaten darin andünsten. Zwiebeln und Kartoffeln sollen goldgelb, aber nicht braun werden. 3/4 Liter heißes Wasser zugießen, aufkochen, Brühwürfel hinzufügen, sachte weiterköcheln lassen. Je nachdem, wie fein Sie die Kartoffeln gewürfelt haben, sind die in 5-10 Minuten gar.

Mit Salz und Pfeffer abschmecken, Crème fraîche unterrühren.

Darf es etwas mehr sein?

Wenn Sie die Radieschen noch nicht alle anderweitig verbraucht haben, hacken Sie 3 Stück in allerfeinste Würfelchen und streuen sie über die fertige Suppe. Schmeckt und sieht hübsch aus.

Kartoffel-Kichererbsen-Suppe

Vegan

Foto Seite 103

Die leichte Schärfe der Chili, die fruchtige Note der Rosinen, die bodenständigen Kartoffeln und das leicht Erdige der Kichererbsen, die würzige Brühe und das vorwitzige Aroma des Korianders überzeugen immer wieder durch ihr Zusammenspiel – definitiv eine meiner Lieblingssuppen!

6 Portionen

400 g festkochende Kartoffeln
1 große Zwiebel
2 Knoblauchzehen
4 EL Öl
1 Glas oder 125 g getrocknete Kichererbsen *
3-4 Frühlingszwiebeln
1 Bund Koriander, ersatzweise Petersilie
1 Gemüsebrühwürfel
1 rote Chilischote
200 g Kirschtomaten
3 EL (ca. 50 g) Rosinen
Salz

Zubereiten: ca. 50 Minuten
(Einweichen und Kochen der Kichererbsen: 6 + 1 Stunde)
Kosten: ca. 7,00 € / 1 Portion ca. 1,20 €

* Selbstverständlich bemühe ich den Herd nicht für nur 100 Gramm Kichererbsen, sondern koche gleich mindestens 250 Gramm, nehme davon weg, was ich für die Suppe brauche und mache aus dem Rest beispielsweise Hummus (siehe Rezepte Seite 47). Wenn ich dann noch ein paar Hefefladen in der Pfanne backe (Rezept Seite 24), habe ich mit Suppe, Hummus und Fladen ein köstliches, originelles und günstiges Essen für gute Freunde.

Wenn Sie die Kichererbsen selbst kochen, vorher einige Stunden, gern auch über Nacht, einweichen. Anschließend in ungesalzenem Wasser garkochen, das kann bis zu einer Stunde dauern.

Kartoffeln schälen und in kleine Würfel schneiden. Zwiebel und Knoblauch hacken und in reichlich Öl andünsten. Falls Ihnen die Ölmenge zu reichlich erscheint: Es ist das einzige Fett an der ganzen Suppe. Nach wenigen Minuten die Kartoffelwürfel hinzufügen und anschmoren. Sie dürfen ruhig etwas braun werden. 1 Liter heißes Wasser dazugießen, Brühwürfel, Rosinen und Kichererbsen hinzufügen.

Während die Suppe vor sich hin köchelt, Frühlingszwiebeln putzen und in Ringe schneiden, Tomätchen waschen und vom Strunk befreien. Chili entkernen und in hauchfeine Ringe schneiden. Koriander hacken.

Wenn die Kartoffeln gar sind, Tomaten und Chili in die Suppe geben, noch 1 Minute weiter kochen. Herd ausschalten. Die Suppe soweit nötig mit Salz nachwürzen. Zuletzt die Frühlingszwiebelringe in die fertige Suppe geben.

Gehackten Koriander auf dem Tisch bereitstellen.

Darf es etwas mehr sein?

Bis jetzt ist die Suppe reine Pflanzenkost. Wenn es Sie nach Fleischlichem gelüstet: **Chorizo** (spanische Paprikawurst) passt geschmacklich gut zur Suppe. 50 Gramm Wurst in feine Würfel oder dünne Scheibchen schneiden und in einem Extra-Schälchen auf den Tisch stellen. Dann kann sich jeder Gast für die vegetarische oder nicht-vegetarische Variante entscheiden.

Safran ist das mit Abstand teuerste Gewürz auf diesem Planeten. Sollte es sich dennoch fügen, dass Sie welchen vorrätig haben – versäumen Sie nicht, ein paar Fäden mitzukochen. Passt vom Aroma her sensationell gut und vertieft drüber hinaus die goldene Farbe der Brühe.

Energie sparen

Wer für wenig Geld gut essen will, muss viel selber kochen. Wer viel kocht, braucht mehr Strom oder Gas.

Das ist erstens grundsätzlich nicht zu ändern, zweitens aber halb so wild, denn durch das Selbermachen spart man unterm Strich trotzdem eine Menge – und man isst besser.

Dennoch gibt es etliche Möglichkeiten, energiesparend zu kochen. Das sollten auch die beherzigen, denen eine hohe Strom- oder Gasrechnung nicht wehtut, schließlich helfen sie damit, die Umwelt zu schonen.

Am meisten Energie verbraucht der **Backofen**. Nicht alles, was üblicherweise dort gebacken wird, muss aber zwingend dort hinein. Oft genug ist der **Herd** die günstigere Alternative.

Beispiel: Fladenbrot. Bringt auch in der Pfanne beste Ergebnisse.

Beispiel: Paprika häuten. Es ist völlig unnötig, dafür eigens den Backofen anzuwerfen, es geht auch mit dem Sparschäler.

Beispiel: Eintöpfe. Oft genug werden geschichtete Speisen wie etwa der Fisch-Gemüse-Topf von Seite 148 im Backofen zubereitet. Selbstverständlich funktioniert das prächtig, es funktioniert aber – mit nur etwa einem Drittel Energieverbrauch – auch auf dem Herd.

Auch sonst kann man beim Zubereiten mit ein paar Kniffen Energie sparen. **Gut zerkleinert ist halb gegart**: Fein gewürfeltes Gemüse liegt anmutiger auf dem Teller als ungehobelte Trümmer – und braucht nur einen Bruchteil an Zeit und Energie, um zu garen.

Pellkartoffeln: Mehrere kleine Kartoffeln sind viel schneller gegart als wenige Riesenknollen.

Reis, Kartoffeln, Hülsenfrüchte: immer **kalt aufsetzen**. Dass Sie dabei den Deckel auflegen, immer nur die passende Herdplatte bzw. die kleinstmögliche Flamme wählen, versteht sich von selbst.

Wenn Sie gute Energiespartipps auf Lager haben, lassen Sie es mich bitte wissen unter info@armaberbio.de, ich werde Ihre Tipps gern auf der Webseite veröffentlichen. Oder Sie hinterlassen gleich selbst einen Kommentar mit Ihrem Tipp auf www.armaberbio.de

Leichtes Linsensüppchen indische Art   *Vegan*

Manchmal wünscht man sich etwas Wärmendes, ohne dass man rechten Hunger hätte. In so einem Fall kommt diese unkomplizierte, orientalisch-würzige Suppe gerade recht.

Als kleine Vorspeise reicht die Suppe für vier Personen, dann bekommt jeder nur ein Schälchen und bewahrt sich noch Appetit für das, was folgt.

2 große oder 4 kleine Portionen

100 g gelbe Linsen
1 Zwiebel
1 Knoblauchzehe
2 EL Öl
1/2 TL Kreuzkümmel, gemahlen
1/4-1/2 frische oder getrocknete Chilischote (oder Cayennepfeffer)
1 Gemüsebrühwürfel
2 EL Tomatenmark

Utensilien: Pürierstab

Zubereiten: ca. 35 Minuten
Kosten: ca. 1,00 € / Portion 0,25-0,50 €

Zwiebel und Knoblauch hacken und im Öl goldgelb dünsten. Die Linsen und den Kreuzkümmel wenige Minuten mitbraten. Mit 3/4 l Wasser aufgießen. Chilischote sehr fein hacken und hinzufügen. Suppe bei milder Hitze köcheln lassen, bis die Linsen gar sind, das sollte in etwa 20 Minuten der Fall sein.

Gemüsebrühwürfel und Tomatenmark zur Suppe geben, kurz mitkochen. Topf vom Herd nehmen und die Suppe nicht allzu fein pürieren. Es sollten noch Linsenstücke spürbar sein, die Suppe noch etwas Biss haben.

Darf es etwas mehr sein?

Die Basisversion einer orientalischen Linsensuppe verträgt noch eine Menge zusätzlicher Zutaten, zum Beispiel Ingwer, Koriander (Körner und Kraut), Kokosmilch, Joghurt und vieles mehr. Aber, ehrlich gesagt, ich finde die Suppe gerade in ihrer Schlichtheit ziemlich perfekt.

Gut dazu:

Als Beilage ideal: **Hefefladen**, in der Pfanne gebacken *(Rezept Seite 24)*.

Oder **noch schnellere Fladen**, ebenfalls in der Pfanne gebacken, für die Sie nur 150 g Mehl mit 75 ml lauwarmem Wasser, 1 EL Öl und 1 Prise Salz verrühren. Mit der Gabel gut verrühren, 10 Minuten ruhen lassen. Mit bemehlten Händen Fladen formen und in der Pfanne, ohne Zugabe von Fett, von beiden Seiten rösten, bis sich dunkle Flecken zeigen. Diese Fladen schmecken nur frisch aus der Pfanne.

Tomatensuppe mit Nudeln

Vegan

Eine recht rustikale Suppe, die den Heißhunger auf Würzig-Warmes befriedigt. Wenn dieser Heißhunger sehr groß ist, kann es allerdings sein, dass einer die drei Portionen auf einen Sitz schafft.

3 Portionen

2 Knoblauchzehen
2 EL neutrales Öl
70 g Suppennudeln oder
1 Dose geschälte Tomaten (im Sommer, wenn sie schön reif und günstig sind, natürlich frische)
1/2 Gemüsebrühwürfel
1 TL Oregano oder Pizzakräuter
1 EL Butter oder Olivenöl
Salz, Pfeffer

Zubereiten: ca. 15 Minuten
Kosten: ca. 1,00 € / Portion ca 1,00 €

Die Knoblauchzehen zerquetschen. Das Öl in einem Topf erhitzen, den Knoblauch und die trockenen Nudeln darin anbraten, sie dürfen dabei ruhig etwas braun (nicht schwarz) werden. Mehrmals wenden, damit alle Nudeln was abkriegen. Das schmeckt – und hat den Effekt, dass die Nudeln auch bei längerem Stehen in der Suppe nicht matschig werden.

Die Tomatendose in den Topf leeren. Das brodelt und zischt gewaltig, nicht erschrecken. Die Dose mit Wasser füllen und dazugießen, damit haben wir auch gleich die Reste aus der Dose sauber aufgebraucht.

Kräuter und Brühwürfel dazugeben und köcheln lassen, bis die Nudeln gar sind. Mit Salz und Pfeffer abschmecken, Butter oder Öl einrühren.

Dazu passt, wie so oft, gebackenes Fladenbrot.

Spaghetti mit Avocado

Foto Seite 107

Avocados kann man zwar nicht kochen, weil sie durch Erhitzen bitter werden, hier aber doch ein warmes Gericht für alle Fans der südamerikanischen Baumbirne. Schmeckt superlecker, geht ganz fix, und auch Nicht-Vegetarier sollten dabei nichts vermissen.

Komplett überflüssig, sogar kontraproduktiv ist der lange Zeit propagierte Spritzer Öl im Nudelwasser. Er bewirkt höchstens, dass die Nudeln glitschig werden und die Sauce an ihnen abperlt.

2 Portionen

150-200 g Nudeln (Spaghetti oder Linguine)
1 Handvoll Basilikum-Blätter
1 Avocado
Saft von 1/2 Zitrone
Salz
1 Knoblauchzehe
2-3 EL Semmelbrösel
2-3 EL Öl

Zubereiten: ca. 15 Minuten
Kosten (wenn Avocado für 0,99 € im Angebot): ca. 2,00 € /
Portion ca. 1,00 €

Die Nudeln nach Packungsanweisung kochen.

Während die Nudeln kochen, Basilikum grob zerkleinern. Die Avocado halbieren, das Fruchtfleisch herauslöffeln und mit Salz, Zitronensaft und Basilikum mischen.

In einer kleinen Pfanne das Öl erhitzen, die Semmelbrösel darin anbräunen, leicht salzen. Die Knoblauchzehe dazupressen.

Die Nudeln abgießen, in zwei tiefe Teller verteilen, die Avocado-zubereitung darüber löffeln und die Brösel darüberstreuen.

Penne mit Paprika

vegan

Foto Seite 107

Ohne Haut sind Paprikaschoten merklich feiner und bekömmlicher als ungeschält. Wie aber geht die dünne Pelle am besten ab? Nach den offiziell gültigen Regeln der Küchenkunst wird das Gemüse erst aufwendig im vorgeheizten Backofen bei hoher Temperatur schwarzgebrutzelt, anschließend wird ein Küchentuch eingesaut, indem es zuerst angefeuchtet und dann auf die verkohlte Paprika gelegt wird. Schließlich wird die Haut abgezogen, was allem Aufwand zum Trotz an manchen Stellen nur unzulänglich gelingt.

Weil mir dieses Verfahren erstens zu mühsam und zweitens zu energieaufwendig ist, bin ich der Paprikaschote versuchshalber einfach mit dem Sparschäler zu Leibe gerückt. Und siehe da: Das Ergebnis war absolut zufriedenstellend und hat nicht eine Kilowattsekunde gekostet.

2-3 Portionen

1 rote oder gelbe Paprikaschote, ca. 200 g
1 Zwiebel
1 Knoblauchzehe
200 g Penne oder eine andere Nudelsorte Ihrer Wahl
Salz, Pfeffer
1 EL Zitronensaft
1 EL Butter
1 Zweig Petersilie oder einige Basilikumblätter

Zubereiten: 30 Minuten

Kosten: ca. 1,60 € *(wenn Paprika im Sonderangebot, auch weniger)*

Bandnudeln mit Auberginen und Ziegenkäse *vegetarisch*

Foto Seite 107

Die Garzeit von Auberginen wird gern unterschätzt, weil die rohen Früchte nicht hart sind. In Wahrheit lassen sie sich reichlich Zeit, bis sie wirklich durch sind. Haben Sie also Geduld, der Biss in zähe Auberginenstücke ist nämlich kein Hochgenuss.

2 Portionen

1 mittelgroße Aubergine
1 Zwiebel
1 Knoblauchzehe
2 EL Öl
Saft von 1/2 Zitrone
1/2 TL Oregano
2 EL Tomatenmark
Salz
50 g Ziegenfrischkäse
150 g Bandnudeln / Tagliatelle
2 EL Olivenöl
Pfeffer
falls Sie einen Topf Rosmarin haben, ein paar Nadeln davon

Zubereiten: ca. 40 Minuten
Kosten: ca. 3,60 € / pro Person 1,80 €

Auberginen putzen und in sehr feine Würfel schneiden. Zwiebeln und Knoblauch hacken und im Öl hellgold dünsten. Nach einigen Minuten Auberginen, Oregano und Zitronensaft dazugeben und auf kleinster Flamme, bei geschlossenem Deckel, weitergaren. Einige Löffel Wasser zufügen, damit nichts anbrennt; nach einer Weile, wenn nötig, nochmal wenig Wasser dazugießen.

Während die Auberginen garen, das Nudelwasser aufsetzen und die Nudeln nach Packungsanweisung garen.

Wenn die Auberginen fast gar sind – das dauert etwa 20 Minuten – das Tomatenmark unterrühren und die Sauce mit Salz abschmecken.

Die Nudeln auf vorgewärmte Teller verteilen, die Auberginen daraufgeben. Jeweils ein Stückchen Ziegenkäse darauf setzen, etwas Olivenöl darüberträufeln, Pfeffer darübermahlen und ein paar Nadeln Rosmarin darüberstreuen.

Tofu-Curry Vegetarisch

Ein Standardgericht bei uns daheim, wenn es schnell gehen, aber doch etwas Vernünftiges sein soll, ist dieses Curry. Es besteht aus in Stücke geschnittenem Tofu, irgendeinem Gemüse, Schmand oder Crème fraîche und indischer Würzpaste. Dazu gibt es Reis.

2 Portionen

200 g Tofu
1 Becher (150 g) Crème fraîche oder Schmand
1 Karotte oder 1 Handvoll Erbsen oder 1 Stück Lauch
150 g Reis, Basmati wäre hier eine gute Wahl
2 EL indische Würzpaste, z.B. Tandoori-Paste *

Zubereiten: 15 Minuten. Falls Sie noch fertig gegarten Reis herumstehen haben, geht es noch schneller.
Kosten: ca. 2,90 / Portion ca. 1,45 €

Zuerst den Reis in kaltem, leicht gesalzenem Wasser aufsetzen. Tofu in mundgerechte Stücke schneiden und zusammen mit Crème fraîche oder Schmand in einen kleinen Topf füllen. Karotte, damit sie schnell gar wird, in hauchfeine Scheiben oder Lauch in dünne Ringe schneiden und dazugeben. Oder einfach ein paar tiefgekühlte Erbsen dazugeben.

Langsam zum Kochen bringen und wenige Minuten sachte köcheln lassen. Wenn der Reis gar ist, ist das Curry auch längst fertig. Reis in vorgewärmte Teller oder Schälchen verteilchen, das Curry darüberlöffeln.

* Jeder hat ja seine kleinen schmutzigen Geheimnisse, eines von mir verrate ich Ihnen hier: Die beste Würzsauce zum Tofu-Curry ist für mich »Patak's Garlic Pickles«. Genau diese, genau von diesem Hersteller (nein, ich bekomme nichts dafür, dass ich dieses Produkt preise). Der Haken an der Sache? Es ist nicht bio – aber sündhaft gut. Gibt es in indischen oder anderen gut sortierten Asia-Läden.

Kürbisgnocchi

Foto Seite III

Üblich ist, für Kürbisgnocchi den Kürbis zunächst im Backofen zu garen, von einer Stunde und mehr ist in den meisten Rezepten die Rede. Das schien mir vom Energieverbrauch her reichlich übertrieben, also habe ich den Kürbis in Stückchen geschnitten und ihn in sehr wenig Wasser gegart, das ist in zehn Minuten erledigt.

Zwar ist das Kürbisfruchtfleisch dann nicht so trocken, wie wenn es aus dem Backofen kommt – aber das ist uns grade recht! Auf diese Weise sparen wir uns das Ei und haben vegane Gnocchi. Natürlich nur bis zu dem Moment, in dem die Butter drüber kommt.

Wenn es wirklich vegan bleiben soll, empfehlen sich als Alternative zur Butter mit Salz, Knoblauch und Salbei gewürzte, in Öl geröstete Semmelbrösel.

2 Personen

500 g Hokkaido-Kürbis
200 g Mehl, evtl. etwas mehr
Salz, Pfeffer
einige Salbeiblätter
3 EL Butter

Utensilien: *Schaumlöffel*

Zubereiten: *ca. 50 Minuten*
Kosten: *ca. 1,70 € / pro Person 0,85 €*

Den sauberen Kürbis aufschneiden, von Kernen und losen Fasern befreien und in Stücke schneiden. In wenig Salzwasser garen. Die weichen Kürbisstücke zerdrücken und mit dem Mehl und etwas Salz zu einem gut formbaren, aber noch geschmeidigen Teig verkneten. Wenn der Teig noch zu weich und feucht ist, weiteres Mehl unterkneten.

Kastenbrot Seite 20

Sauerteig-Vollkornbrot Seite 22

Milchbrötchen, Marmelade Seite 28+29

In der Pfanne gebackene Fladen Seite 24

Einen Topf mit Salzwasser aufsetzen. Den Teig auf einem bemehlten Brett zu einer schmalen Rolle formen und in Scheibchen schneiden. Jedes Stück zwischen den angefeuchteten Händen zu einer Kugel rollen, etwas flachdrücken und mit Gabelzinken eindrücken, damit das typische Rillenmuster entsteht.

In Salzwasser sachte garziehen lassen. Wenn die Gnocchi an die Oberfläche kommen, mit dem Schaumlöffel herausheben, abtropfen lassen.

Den Salbei grob hacken. In einer Pfanne die Butter aufschäumen, den Salbei dazugeben und die Gnocchi darin kurz schwenken. Sofort anrichten, Pfeffer darübermahlen.

Darf es etwas mehr sein?

Wer mag, streut noch geriebenen Parmesan über die Gnocchi – nötig ist das aber eigentlich nicht, weil der Aromendreiklang aus Kürbis, Butter und Salbei schon fein ausbalanciert ist.

Ravioli mit Tofu-Spinat-Füllung

Vegan

Foto Seite 115

Rote Bete verleiht dem Nudelteig seine appetitliche Farbe, die grüne Füllung aus Spinat und Tofu setzt einen reizvollen Kontrapunkt. Ein zugegebenermaßen etwas arbeitsaufwendiges Gericht – es dürfte das schwierigste zwischen all den leicht herzustellenden in diesem Buch sein und setzt Kocherfahrung voraus. Dafür ist es ein echter Festschmaus für Veganer – für fast kein Geld. Auch Nicht-Veganer dürften bei dieser Pasta nichts vermissen.

6 Portionen

Nudelteig:
200 g Mehl Type 550 + Mehl zum Weiterverarbeiten
1 gestrichener TL Salz
1 kleine Rote-Bete-Knolle

Spinatfüllung:
1 kleine Zwiebel
1 Knoblauchzehe
2 EL Öl
150 g TK-Spinat (»Blattspinat«)
200 g fester Tofu
Salz, Pfeffer

Außerdem:
6 EL Olivenöl
3 EL geriebene Mandeln
evtl. einige Blätter Kerbel oder Basilikum

Utensilien:
Pürierstab, feine Reibe, Teigroller
Wenn vorhanden, auch Küchen- und Nudelmaschine

Zubereiten: ca. 1 1/2 Stunden
Teig ruhen lassen: mind. 30 Minuten
Kosten: ca. 3,30 € / pro Person 0,55 €

Karottensalat mit Sesam Seite 58  *Hummus – Kichererbsenmus Seite 47*

Auberginenkaviar Seite 42 *Auberginen-Tomaten-Aufstrich Seite 43*

Brotsuppe Seite 81

Bunte Gemüsesuppe Seite 70

Kartoffel-Kichererbsen-Suppe Seite 87

Rumfordsuppe Seite 79

Die Rote-Bete-Knolle in kaltem Wasser aufsetzen. *(Da die Knollen reichlich Zeit und folglich Energie brauchen, um gar zu werden, wäre es sinnvoll, gleich mehrere zu kochen und am nächsten Tag beispielsweise Rote-Bete-Pflanzerl zu machen, Rezept Seite 129.)*

Während die Rote Bete kocht, die Füllung zubereiten: Zwiebel und Knoblauch hacken und im Öl glasig dünsten, den gefrorenen Spinat hinzufügen und mitdünsten, gelegentlich umrühren. Salzen, pfeffern.

Den Tofu in einer Schüssel mit der Gabel so fein wie möglich zerdrücken. Tofu zusammen mit Spinat in einen hohen Rührbecher fülllen und mit dem Stabmixer fein pürieren. Mit Salz und Pfeffer so kräftig abschmecken, dass es fast überwürzt wirkt.

Die Rote-Bete-Knolle kalt abschrecken. Die Haut löst sich leicht, wenn Sie den Wurzelansatz abschneiden und anschließend die Knolle unter fließend kaltes Wasser halten und die Schale durch Druck mit den Fingern entfernen.

Mit der feinen Reibe die Knolle in eine Schüssel reiben. Mehl in einer Schüssel oder in der Küchenmaschine mit Salz mischen, 100 ml lauwarmes Wasser und die Rote-Bete-Masse hinzufügen, zu einem geschmeidigen Teig verarbeiten. Anfangs dürfte er noch sehr weich sein, also geben Sie noch etwas Mehl dazu, bis die Konsistenz so ist, dass er gut formbar ist. (Es ist einfacher, einen zu weichen Teig durch Mehlzugabe fester zu machen, als einen zu harten Teig wieder geschmeidig zu bekommen.)

Den Teig zu einer Kugel formen und zugedeckt 30 Minuten ruhen lassen.

Teig nochmal durchkneten und in sechs Stücke teilen. Nacheinander zu etwa 10 cm breiten Streifen ausrollen. Wenn Sie eine Nudelmaschine haben, nehmen Sie sie zu Hilfe, um die Teigstreifen ultrafein auszuwalzen.

Einen breiten Topf gut eine Handbreit hoch mit leicht gesalzenem Wasser füllen und zum Kochen aufsetzen. Auf einen Streifen im Abstand von etwa 7 cm jeweils einen Löffel von der Füllung setzen. Einen zweiten Teigstreifen behutsam auflegen, zwischen den

Tofu-Häufchen vorsichtig festdrücken. Mit einem großen Messer mit glatter Klinge auseinanderschneiden. Eine Gabel mit den Zinken in Mehl tauchen und umlaufend den Teig festdrücken. So verbinden sich die beiden Teigplatten zuverlässig, und es entsteht ein dekoratives Muster.

Die Ravioli nacheinander in das siedende Wasser geben und 2 Minuten garziehen lassen. Gleichzeitig in einer kleinen Pfanne die Mandeln rösten, leicht salzen.

Die Ravioli auf vorgewärmte Teller verteilen, etwas Olivenöl darüberträufeln und die Mandelbrösel darüberstreuen.

Rotkohl-Orangen-Salat Seite 60

Lauch-Orangen-Salat Seite 59

Panzanella – Brotsalat Seite 63

Semmelknödel-Salat Seite 66

Penne mit Paprika Seite 94

Bandnudeln mit Auberginen Seite 95

Spaghetti mit Avocado Seite 93

Linguine mit Spinat und Garnelen Seite 155

Risotto mit Tomate und Frühlingszwiebeln   Vegetarisch
Foto Seite 115

Nichts für Ungeduldige: Risotto will hingebungsvoll gerührt sein. Es belohnt die Mühe mit einer wunderbaren Konsistenz, irgendwo zwischen körnig-bissfest und saftig-schmelzend.

2-3 Portionen

200 g Risotto-Reis
1 Zwiebel, 1 Knoblauchzehe
2 EL neutrales Öl
0,2 l Weißwein (eventuell weglassen)
1/2 l Gemüsebrühe
2 mittelgroße Tomaten
2 Frühlingszwiebeln
30 g Parmesan am Stück
1-2 EL Olivenöl, Pfeffer

Zubereiten: ca. 35 Minuten
Kosten: ca. 3,80 € / Portion 1,30-1,90 €

Die Gemüsebrühe muss einsatzbereit neben dem Herd stehen. Zwiebel und Knoblauch hacken und im Öl andünsten. Den trockenen Reis dazuschütten und mitbraten, bis die Körnchen ganz und gar von Fett umhüllt sind. Den Wein oder einen ersten kleinen Schöpflöffel Brühe dazugießen, immer wieder umrühren. Erst wenn die Flüssigkeit verkocht ist, etwas nachgießen.

Zwischendurch haben Sie Gelegenheit, die Tomaten zu überbrühen, zu häuten, das Fruchtfleisch zu würfeln und mit in die Pfanne zu geben. Wieder rühren und nachgießen und rühren. Frühlingszwiebeln in Ringe schneiden, zufügen, umrühren, nachgießen. Schließlich, nach 15-20 Minuten, sollte der Reis gar sein und das Risotto von leicht suppig-fließender Beschaffenheit. Auf vorgewärmte Teller verteilen, pfeffern. Mit dem Sparschäler Parmesanspäne darüber hobeln. Mit einem Spritzer Olivenöl beträufeln.

Schwammerl mit Knödel – Semmelknödel mit Pilzen

Vegetarisch

Werfen Sie altbackenes Brot und Semmeln keinesfalls weg, sonst entgehen Ihnen Herrlichkeiten wie diese köstlichen Semmelknödel, die zusammen mit den Pilzen ein formidables vegetarisches Gericht ergeben.

2 Portionen

Knödel

3 altbackene Semmeln (Brötchen) oder eine entsprechende Menge altes Weißbrot
100 ml lauwarme Milch
1 Zwiebel (die Hälfte für die Knödel, der Rest für die Pilze)
1 EL Butter
1 Ei
2 EL Mehl
1/2 TL getrockneter Majoran
Salz
2 Stengel Petersilie

Pilzragout (Schwammerl)

200 g Champignons oder andere Pilze
1 EL Butter
100 g Crème fraîche oder Schmand
Salz, Pfeffer
3 Stengel Petersilie

Kosten: Wie beziffert man den Wert von altem Brot? Da es Gebäck vom Vortag in vielen Läden zum halben Preis gibt, lege ich für die Semmeln die Hälfte des Preises von frischen Brötchen zugrunde. Knödel: ca. 1,20 €, Pilzragout ca. 3,20 € / ganzes Gericht pro Person ca. 2,20 €

Brot oder Brötchen in kleine Würfel schneiden, in einer Schüssel mit der Milch übergießen.

Grünkernbratlinge Seite 134

Karottenrösti Seite 133

Zucchinipuffer Seite 132

Rote-Bete-Pflanzerl Seite 129

Kürbissuppe Seite 77

Kürbis-Gnocchi Seite 98

Kürbis-Kartoffel-Gratin Seite 128

Zwiebel fein hacken und in Butter bei schwacher Hitze hellgold dünsten. Inzwischen die Petersilie hacken, hacken Sie auch gleich die für das Pilzragout mit. Die Hälfte der Zwiebeln und einen Teil der Petersilie zur Brotmasse geben. Ei und Mehl unterrühren. Mit Salz, Pfeffer und Majoran würzen.

Einen Topf mit gut einer Handbreit voll Wasser aufsetzen, leicht salzen. Machen Sie zuerst ein winziges Probeknödelchen und lassen es im ruhig siedenden Wasser garziehen – nicht sprudelnd kochen! Wenn es hält, ist es gut. Zerfällt es, mischen Sie noch etwas Mehl in die Knödelmasse. Mit angefeuchteten Händen Knödel in der gewünschten Anzahl und Größe formen und ins Wasser befördern.

Inzwischen Pilze säubern, das geht am besten mit einem abgerissenen Fetzen angefeuchteten Küchenpapiers. Die trockene Schnittfläche am Fuß entfernen. Kleine Pilze halbieren, größere in Scheiben schneiden. In der Butter 5 Minuten dünsten, die übrigen zuvor angebratenen Zwiebeln mitdünsten. Die Crème fraîche unterrühren. Mit Salz und Pfeffer abschmecken.

Die Knödel aus dem Wasser heben, kurz abtropfen lassen. Pilzragout auf vorgewärmte Teller verteilen und Knödel darauf setzen, die verbliebene gehackte Petersilie darüberstreuen.

Resteverwertung:

Semmelknödel sind zwar bereits Resteverwertung, Sie können übrige Knödel aber noch für eine Drittverwertung nutzen, und zwar für den verblüffend einfachen, verblüffend guten Semmelknödelsalat *(Rezept Seite 66)*. In der gehobenen Gastronomie firmiert er gern »Carpaccio von Semmelknödeln«.

Rosenkohl-Kartoffel-Auflauf mit Schafkäse   Vegetarisch

Der herbe Rosenkohl und der säuerliche-pikante Schafkäse gehen in diesem Gericht eine delikate Verbindung ein. Das Kartoffelpüree dazwischen ergänzt das Ganze zur kompletten Mahlzeit. Übrigens: Kohl ist in Sachen Vitamin etwas ganz Besonderes. Während Vitamin C sich sonst bei Hitze in Windeseile verabschiedet, ist es bei Kohl genau umgekehrt. Im rohen Kohl liegt es in einer Art Vorstufe vor, die durch Erhitzen aktiviert wird und sich erst beim Kochen in das wirksame Vitamin verwandelt.

4 Personen

750 g Rosenkohl
750 g Kartoffeln
Salz
200 ml Milch (eine Mischung aus Sahne und Wasser tut's auch)
1 Becher (200 g) Sahne
1 Päckchen (180 g) Schaf-Feta

Utensilien:
Kartoffelstampfer (notfalls tut es auch die Gabel), feuerfeste Form

Zubereiten: ca. 30 Minuten
Überbacken: ca. 20 Minuten
Kosten: ca. 8,00 € / pro Person 2,00 €

Rosenkohl putzen und den Ansatz kreuzförmig einschneiden, damit er schneller gar wird. Große Kohlköpfchen halbieren. In Salzwasser ca. 12 Minuten garen.

Inzwischen die Kartoffeln schälen, würfeln und in wenig Salzwasser aufsetzen. Je nach Größe sollten die Kartoffelwürfel in 8-15 Minuten gar sein. Die Milch erwärmen.

Den Rosenkohl abgießen. Das Kartoffelwasser abgießen und die warme Milch zu den Kartoffeln geben. Mit dem Kartoffelstampfer

Makrelencreme Seite 153

Rosas liebstes Fischfilet Seite 151

Gebratener Schweinebauch Seite 162

Buletten / Fleischpflanzl Seite 168

Spinattasche Seite 145

Blätterteigtasche mit Paprika Seite 143

Risotto mit Tomate Seite 108

Ravioli mit Tofu-Spinat-Füllung Seite 101

die Kartoffeln gründlich zerdrücken, sodass ein weiches Püree entsteht, mit Salz abschmecken.

Den Rosenkohl auf dem Boden einer Auflaufform verteilen. Das Kartoffelpüree darüberschichten.

Backofen auf 200 Grad stellen. Schafkäse mit der Gabel zerdrücken, mit der Sahne gründlich vermanschen und auf dem Püree verteilen. Etwa 20 Minuten überbacken, der Auflauf soll eine hübsche goldbraune Kruste bekommen.

Energie sparen:

Backofen ausschalten, sobald sich die erste zarte Bräunung zeigt.

Backofenkartöffelchen mit Kräuterquark   *Vegetarisch*

Foto Seite 123

Ein attraktives Gericht, das wenig kostet und auch in größeren Mengen kaum Arbeit macht.

8 Portionen

2 kg kleine dünnschalige Kartoffeln, z.B: »Butterkartoffeln«
1 EL neutrales Öl
Nadel von 2 Zweigen Rosmarin
Grobes Meersalz
250 g Kirschtomaten
2 EL Olivenöl

Kräuterquark:
500 g Magerquark
1 Becher (200 g) Schmand
1 Bund Schnittlauch oder andere Kräuter nach Wahl
Salz

Zubereiten: ca. 30 Minuten
Backen: ca. 20 Minuten
Kosten: ca. 9,60 € / Portion ca. 1,20 €

Kartoffeln schrubben, halbieren, dicht an dicht auf ein geöltes Backblech legen, Tomaten halbieren und dazwischen plazieren. Mit Salz und Rosmarinnadeln bestreuen, mit Olivenöl beträufeln und bei 200 Grad in den Backofen stellen.

In einer Schüssel Magerquark mit Schmand verrühren. Schnittlauch in feine Röllchen schneiden, in den Quark rühren. Mit Salz abschmecken.

Nach etwa 20 Minuten Backzeit sollten die Kartoffeln gar sein, wenn nicht, noch etwas weiterbacken.

Kartoffeln auf vorgewärmte Teller verteilen, Quark dazu reichen.

Chinakohlpfanne mit Huhn und Kokos Seite 182

Hühnchen-Curry mit Lauch und Karotten Seite 173

Tomate mit Mozzarella Seite 139

Mit Couscous gefüllte Paprika Seite 137

Gemüse-Couscous mit Kichererbsen und selbstgemachter Harissa-Paste Seite 135

Kartoffel-Lauch-Gemüse, in Milch gekocht   Vegetarisch

Kartoffeln und Lauch sind eine geniale Kombination. Es gibt eine Reihe köstlicher Gerichte, die nur vom Zusammenspiel dieser beiden Zutaten leben. Kartoffel-Lauch-Suppe beispielsweise, die – püriert und mit Sahne oder Crème fraîche verfeinert – warm oder kalt schmeckt.

Oder dieses in Milch gekochte Lauch-Kartoffel-Gemüse, das super schmeckt, denkbar simpel ist und ganz nebenbei eine sehr ausgewogene Mischung an Nährstoffen bietet.

2 stattliche Portionen

2-3 große Kartoffeln, zusammen ca. 400 g
1 Lauchstange
400 ml Milch
1 Gemüsebrühwürfel
1/4 TL Kümmel
Pfeffer, evtl noch etwas Salz

Zubereiten: ca. 30 Minuten
Kosten: ca. 2,10 € / pro Portion ca. 1,05 €

Kartoffeln schälen, kurz abspülen, dann zuerst in 1 cm dicke Scheiben, die Scheiben in 1 cm breite Streifen und die wiederum in Würfel schneiden. Den Lauch putzen, waschen und in 1 cm breite Ringe schneiden.

In einem Topf Kartoffelwürfel, Lauchringe und Milch mischen, Brühwürfel und Kümmel dazugeben. Zum Kochen bringen und solange im offenen Topf sachte köcheln lassen, bis die Kartoffeln weich sind und die Milch eingekocht ist.

Pfeffer darübermahlen. Wenn nötig, noch mit etwas Salz nachwürzen.

Sauas Gadofegmias – Saures Kartoffelgemüse
Vegetarisch

Der Name dieser Speise klingt, zugegeben, nicht sehr verlockend, und ich erinnere mich, dass ich mich als Kind lange weigerte, etwas zu essen, das einen auf mich so abschreckend wirkenden Namen trug. Irgendwann habe ich dann doch entdeckt, wie gut es in Wahrheit schmeckt. Heute gehört es zu den immer seltener gekochten regionalen Spezialitäten und hätte eigentlich verdient, unter Denkmalschutz gestellt zu werden.

Das Gadofegmias dient meist als Beilage zu Fleischpflanzl, Bratwurst, Stockwurst oder anderen rustikalen Metzgereierzeugnissen.

2-3 Portionen als Beilage oder 1 Portion als vollständige Mahlzeit

1 Zwiebel
1 große Kartoffel
1 Karotte
2 EL Öl
1 EL Mehl
150 ml Milch
1/2 Gemüsebrühwürfel
1/2 TL Kümmel
1 EL Essig (Weißwein- oder Apfelessig oder weißer Balsamico)
Salz, Pfeffer
evtl. 1/2 Lorbeerblatt

Zubereiten: ca. 15 Minuten
Garen: ca. 15-20 Minuten
Kosten: 0,95 € / als Beilage 0,30-0,50 € pro Portion

Zwiebel, Kartoffel und Karotte schälen, Zwiebel und Karotte fein, Kartoffel grob würfeln.

Geflügelsalat Seite 179

Krautstrudel Seite 140

Hühnersuppe Seite 176

Hühnerfrikassee Seite 180

Backofenkartöffelchen mit Rosmarin und Kräuterquark Seite 117

Tortilla española – Spanisches Kartoffelomelett Seite 125

In einem kleinen Topf oder einer tiefen Pfanne das Öl erhitzen, die Zwiebelwürfel darin glasig dünsten.

Das Mehl darüberstreuen und die Milch dazugießen, klümpchenfrei verrühren.

Den halben Brühwürfel und den Kümmel dazugeben, wenn die Flüssigkeit sehr eindickt, noch ein bisschen Wasser dazugießen.

Bei geschlossenem Deckel 15 Minuten garen, dabei hin und wieder umrühren. Wenn die Kartoffel gar ist – wenn nötig noch einige Minuten weiterköcheln lassen –, Gemüse vom Herd nehmen. Mit Salz, Pfeffer und Essig abschmecken.

Tortilla española – spanisches Kartoffel-Omelette

Foto Seite 123

Frisch aus der Pfanne, mit einem Salat als Begleitung, ein Essen für zwei hungrige oder drei bis vier zurückhaltendere Esser.

Abgekühlt, in Würfel geschnitten, eine unwiderstehliche herzhafte Nascherei.

2-4 Portionen

750 g Kartoffeln
2 Zwiebeln
2 Knoblauchzehen
6 EL Öl
6 Eier
Salz, Pfeffer

Zubereiten: ca. 75 Minuten
Kosten: ca. 4,00 € / Portion 1,00-2,00 €

Kartoffeln schälen, waschen und in höchtens 1 cm große Würfelchen schneiden. Zwiebeln und Knoblauch häuten, fein hacken.

Gut die Hälfte des Öls in einer nicht zu großen Pfanne erhitzen und Kartoffeln, Zwiebeln und Knoblauch darin bei sehr milder Hitze etwa 15 Minuten dünsten. Die Kartoffeln sollen annähernd gar sein. Kräftig salzen und pfeffern.

Kartoffeln etwas abkühlen lassen. In einer Schüssel die Eier verquirlen und mit der Kartoffelmasse vermengen.

Restliches Öl in der Pfanne erhitzen. Kartoffelmasse einfüllen und sanft braten, bis das Ei völlig gestockt und das Omelette an der Unterseite hübsch gebräunt ist. Mit Hilfe eines großen Teller wenden – ohne schaffen Sie es nicht – und auf der anderen Seite ebenfalls goldbraun braten.

Haselnusspudding Seite 194

Rotweinbirnen Seite 198

Bodenloser Käsekuchen Seite 213

Kokosreis mit Zimtapfel Seite 195

Zwetschgenknödel Seite 200

Kartoffel-Quark-Puffer Seite 202

Schokoladenpudding Seite 191

Orangencrêpes Seite 196

127

Kürbis-Kartoffel-Gratin

Foto Seite 111

Die Verbindung von Kürbis mit Dill und Kümmel ist im österreichisch-ungarischen Raum gebräuchlich, ich finde diese Geschmackskombination absolut gelungen.

4 Personen

Butter oder Öl zum Fetten der Form
ca. 750 g Hokkaidokürbis (bei anderen Kürbissorten, die geschält
werden müssen, ca. 1,2 kg)
4 mittelgroße Kartoffeln, ca. 500 g
300 ml Milch
1/2 Becher (75 g) Crème fraîche
1/2 Bund Dill
1 Knoblauchzehe
1 TL Kümmel
Salz, Pfeffer

Utensilien: *Ofenfeste Form*

Zubereiten: *ca. 25 Minuten*
Backen: *ca. 35 Minuten*
Kosten: *ca. 4,00 € / pro Person 1,00 €*

Eine ofenfeste Form fetten. Kürbisschale sauberreiben (oder Kürbis schälen), Kartoffeln schälen. Kartoffeln in sehr dünne, Kürbis in etwas dickere Scheiben schneiden und abwechselnd in die Form schichten.

Den Backofen auf 180 Grad stellen.

Dillspitzen abzupfen und hacken. Knoblauch fein hacken oder durch die Presse drücken. Milch und Crème fraîche miteinander verrühren, mit Knoblauch, Dill, Kümmel, Salz und Pfeffer vermengen und die Mischung über Kürbis und Kartoffeln gießen. Etwa 35 Minuten überbacken. Falls die Kartoffeln noch nicht gar sind, etwas Zeit zugeben.

Rote-Bete-Pflanzerl

Foto Seite 110

(Ja, man schreibt sie oft mit zwei »e«, das gilt inzwischen auch als korrekt; aber die platzsparende Version mit einem »e« ist die ursprüngliche.)

4 Stück

2 kleine Rote-Bete-Knollen, zusammen ca. 250 g (klein deshalb, weil sie schneller gar sind und Sie dadurch einiges an Energie sparen)
1 Ei
3 EL Semmelbrösel (Paniermehl)
Salz, Pfeffer
2 EL Öl
Utensilien: Reibe

Vorbereitung: (Beten kochen und abkühlen lassen): ca. 45 Minuten
Zubereiten: ca. 25 Minuten
Kosten: ca. 1,20 € / pro Stück ca. 0,30 €

Die Knollen knapp mit Wasser bedeckt in einem kleinen Topf kochen, bis Sie sie mit einer Gabel mühelos einstechen können. Abgießen, kalt abschrecken und etwas abkühlen lassen.

Die Roten Beten pellen und grob raspeln, mit Ei und Semmelbröseln verrühren, mit Salz und Pfeffer würzen.

Öl in einer Pfanne erhitzen. Vier Klopse formen und in der Pfanne etwas flachdrücken. Von beiden Seiten jeweils etwa 4-5 Minuten bei mittlerer Hitze braten. Den angemachten Joghurt dazu reichen.

Gut dazu:

Joghurt mit Frühlingszwiebel- oder Schnittlauchringen. Dafür

Müsliriegel Seite 215

Shortbread – Butterkekse Seite 210

Salzzitronen nach marokkanischer Art Seite 50

150 g Joghurt mit in feine Ringe geschnittener Frühlingszwiebel oder Schnittlauch verrühren, mit Salz abschmecken.

Darf es etwas mehr sein?

So wie angegeben, sind die Klopse sehr mild. Sie können sie aber kräftig aufpeppen, z.B. indem Sie eine kleine Zwiebel und eine Knoblauchzehe hineinreiben, vielleicht etwas feingehackte Chili hinzufügen und das Ganze auch noch mit Kreuzkümmel würzen.

Einkaufstipp Rote Bete

Achten Sie darauf, dass die Knollen beim Einkauf ganz prall und fast steinhart sind. Wenn sie auf Druck etwas nachgeben, sind sie nicht mehr so frisch.

Zucchinipuffer

Foto Seite 110

Die würzigen Puffer schmecken frisch aus der Pfanne. Was übrig bleibt, ist auch kalt noch ein Genuss.

6-8 Stück

2 mittelgroße Zucchini, zusammen ca. 400 g
1 Zwiebel
1 Knoblauchzehe
2 Eier
3 EL Haferflocken
Salz, Pfeffer
3 EL Öl
Utensilien: Reibe

Zubereiten: ca. 45 Minuten
Kosten: ca. 2,40 € / pro Stück 0,30-0,40 €

Die Zucchini putzen und grob raffeln. Zwiebel und Knoblauch so fein wie möglich hacken und zusammen mit Eiern und Haferflocken unter die Zucchini mengen. Mit Salz und Pfeffer kräftig würzen.

Die Hälfte des Öls in einer Pfanne erhitzen. Aus der Zucchinimasse mit dem Löffel Häufchen in die Pfanne setzen und von beiden Seiten jeweils etwa 4-5 Minuten bei mittlerer Hitze braten.

Gut dazu:

Zu den Zucchinipuffern passt der gleiche Schnittlauchjoghurt wie zu den Rote-Bete-Pflanzerln *(Rezept Seite 129)*. Oder Tomatensauce wie bei den Grünkernbratlingen *(Rezept Seite 134)*.

Karottenrösti mit Joghurt-Dip
Vegetarisch

Foto Seite 110

Die vitaminreiche Möhre macht sich rund ums Jahr für wenig Geld als leckerer Farbtupfer auf dem Teller nützlich.

6-8 Stück

500 g Karotten
1 Ei
2 EL Mehl
Salz
3 EL Öl

Dip:
100 g Joghurt
100 g Sauerrahm
1 Knoblauchzehe
Salz
Kräuter, z.B. Thymian, nach Belieben und Verfügbarkeit

Utensilien: Reibe

Zubereiten: ca. 45 Minuten
Kosten: ca. 2,40 € / pro Stück 0,30-0,40 €

Die Karotten putzen und grob raffeln, mit Ei und Mehl mischen, salzen. Wenigstens 10 Minuten ruhen lassen, damit das Mehl quellen kann.

Inzwischen Sauerrahm mit Joghurt mischen, die Knoblauchzehe dazupressen, mit Salz abschmecken.

Das Öl erhitzen und mit dem Löffel Karottenhäufchen hineinsetzen. Von beiden Seiten knusprig und goldbraun braten.

Darf es etwas mehr sein:

Wer es noch gehaltvoller mag, mischt 2-3 EL geriebenen Käse in die Möhrenmasse.

Grünkernbratlinge mit Tomatensauce

Vegetarisch

Foto Seite 110

Die 1980er Jahre haben uns die Renaissance des Grünkerns beschert – eine echte Bereicherung. Denn das Korn ist etwas ganz Besonderes: Dinkel wird dafür vor der Reife geerntet und anschließend gedarrt, eine archaische Art des heißen Trocknens, das dem Grünkern seinen rauchig-würzigen Geschmack verleiht.

8 Stück

250 g Grünkern, evtl. 1-2 EL Mehl
1 Ei
1-2 Frühlingszwiebeln
1 Gemüsebrühwürfel
3 EL neutrales Öl

Tomatensauce:
1 Handvoll frische Tomaten oder 1 Dose »Pizza-Tomaten«
einige Stiele Basilikum
1 EL Olivenöl, 1 EL Zitronensaft, Salz, Pfeffer

Utensilien: Mixer oder Getreidemühle

Zubereiten: ca. 45 Minuten
Kochen: ca. 25 Minuten
Kosten: ca. 3,20 € / Stück ca. 0,40 €

Grünkern in Mixer oder Mühle schroten, in 1/2 Liter Wasser einrühren. Brühwürfel zufügen und zum Kochen bringen. Bei schwacher Hitze mehr ausquellen lassen als kochen.

Währenddessen für die Sauce Tomaten überbrühen, häuten, zerkleinern und in einem kleinen Topf nur 2 Minuten erhitzen, salzen, pfeffern. Basilikum grob zerkleinern, Zitronensaft und Olivenöl unterrühren.

Frühlingszwiebel in Ringe schneiden. Grünkern mit Ei und Frühlingszwiebeln vermengen, falls der Teig zu weich ist, mit etwas Mehl festigen. 8 Bratlinge formen und in heißem Öl braten.

Mit der Tomatensauce servieren.

Gemüse-Couscous

Foto Seite 119

Die fleischlose Variante des marokkanischen Nationalgerichts zählt für mich zu den angenehmsten, leichtesten Gerichten überhaupt. Diese Variante macht wenig Arbeit.

4 Personen

400 g Couscous
1/2 l Gemüsebrühe (Würfel)
2 große Karotten
2 große oder 4 kleine Zucchini
2 Zwiebeln
40 g Butter
4 EL Rosinen
1 EL Harissa (marokkanische Würzpaste), fertig gekauft oder selbstgemacht. Anleitung am Ende des Rezepts.
100 g getrocknete Kichererbsen oder 1 kleines Glas gekochte

Zubereiten:

In einer Schale den Couscous-Grieß mit heißer Gemüsebrühe übergießen und quellen lassen.

Gemüse in adrette Streifen schneiden und in wenig Gemüsebrühe kochen: Zuerst Karotten und Zwiebeln in die Brühe geben, nach etwa 4 Minuten die Zucchini hinzufügen.

In einem Extratopf Kichererbsen und Rosinen erhitzen.

Couscous mit Gemüse anrichten, Kichererbsen, Rosinen und Harissa dazu reichen.

Darf es etwas mehr sein?

Die oben angegebenen Zutaten ergeben die Basis-Variante eines Couscous. Das schmeckt, wie es ist, tadellos.

Häufig finden sich allerdings noch zahlreiche weitere Ingredienzien im Couscous.

An Gemüse ist das beispielsweise Weißkohl, klein geschnitten und blanchiert, gewürfelte Auberginen oder halbierte Tomaten.

An Gewürzen kommt, wo das nötige Kleingeld vorhanden ist, der sündhaft teure Safran hinzu.

Wer eingelegte **Salzzitronen** zur Hand hat (siehe Rezept Seite 47), würfelt die Schale einer halben Zitrone sehr fein und reicht sie in einem Extra-Schälchen dazu.

Harissa

1 Chilischote, 1 TL Kreuzkümmel, 2-3 Knoblauchzehen, 4 EL Tomatenmark und etwas Salz im Mixer pürieren.

Diese Variante ist vergleichsweise mild. Sie können den Schärfegrad individuell einstellen und mehr Chili verwenden.

Sehr lecker: 1 Stück rote Paprika mitpürieren.

Paprika, mit Couscous gefüllt

Vegan

(Foto Seite 119)

Unüberschaubar die Anzahl der Rezepte, die es für das Füllen von Gemüse gibt. Meistens besteht die Füllung aus Hackfleisch oder Reis oder einer Mischung aus beiden.

Hier eine vegane Variante, die mit orientalischen und italienischen Elementen spielt.

Das Teuerste an dem Gericht sind die Paprikaschoten selbst. Wenn Sie zu den Glücklichen gehören, die Paprika im Garten haben, halbiert sich der angegebene Preis.

Für 2 Personen

2 Paprikaschoten
300 g Tomaten
1 Zwiebel
1 Knoblauchzehe
3 EL neutrales Öl
1/2 TL gemahlener oder frisch im Mörser zerstoßener Kreuzkümmel
100 g Couscous
3 EL Rosinen (30 g)
1 Gemüsebrühwürfel
Salz
1/2 TL italienische Kräutermischung oder frische Kräuter wie Thymian, Oregano usw.
1 EL Olivenöl

Zubereiten: ca. 30 Minuten
Garen: ca. 15 Minuten
Kosten: ca 3,80 € / pro Portion ca 1,90 €

Von den sauberen Paprikaschoten jeweils einen Deckel abschneiden. Das Fruchtfleisch rund um den Stiel auslösen und fein würfeln. Das Innere der Schoten von Kernen und Samensträngen befreien.

137

Zwiebel und Knoblauch häuten, Zwiebel fein, Knoblauch grob hacken.

In einem Topf 2 EL Öl erhitzen und darin Zwiebel und Knoblauch einige Minuten sanft dünsten. Den Kreuzkümmel hinzufügen und kurz mitbraten, dann Couscous, Rosinen, Paprikawürfel und den halben Brühwürfel dazugeben. Etwa 2 Minuten mitbraten, dann ca. 150 ml Wasser dazugießen. Herd abschalten und den Couscous 5 Minuten ausquellen lassen.

Inzwischen die Tomaten mit etwas kochendem Wasser übergießen, anschließend die Haut abziehen.

In einem Topf, der gerade Platz für die Paprikaschoten bietet, 1 EL Öl erwärmen und die gehäuteten Tomaten grob zerkleinert hineinlegen. Paprika mit dem zubereiteten Couscous füllen und auf die Tomaten setzen. Im geschlossenen Topf ca. 15 Minuten sanft köcheln lassen. Wenn die Tomaten anzubrennen drohen, ein paar Löffel Wasser dazugeben.

Zum Servieren mit einem Spritzer Olivenöl verfeinern.

Tomate mit Mozzarella gebacken

Vegetarisch

Foto Seite 119

Die beliebte Kombination Tomate-Mozzarella mal völlig anders: Der Käse wird in die Tomate gefüllt und das Ganze gebacken. Ergibt eine nette kleine Vorspeise für acht, zusammen mit Butterbrot ein leichtes Abendessen für vier Personen.

8 Stück

8 Tomaten
125 g Mozzarella
1 Frühlingszwiebel
Salz, Pfeffer
1 EL Öl

Zubereiten: ca. 25 Minuten
Backen: ca. 12-15 Minuten
Kosten: ca 3,20 € / Stück ca 0,40 €

Von den sauberen Tomaten jeweils einen Deckel abschneiden und zur Seite legen. Mit einem kleinen Löffel vorsichtig das Fruchtfleisch herausholen, ohne die Tomate außen zu verletzen.

Fruchtfleisch und Mozzarella fein würfeln. Frühlingszwiebeln in dünne Ringe schneiden. Tomate, Mozzarella und Zwiebelringe mischen, mit Salz und Pfeffer würzen. Die Masse in die Tomaten füllen und wieder die Deckel auflegen.

Backofen auf 200 Grad stellen. Tomaten in eine geölte Form oder auf ein geöltes Blech setzen und etwa 12-15 Minuten backen. Der Käse soll ganz geschmolzen sein.

Darf es etwas mehr sein?

Aber immer. Knoblauchfans werden auch hier nicht auf ihre Lieblingsknolle verzichten und eine gehackte Zehe hineinschmuggeln. Etwas gehackter Basilikum passt selbstredend auch noch dazu.

Krautstrudel mit Schnittlauch-Joghurt

Vegetarisch

Foto Seite 122

Ein bisschen was investieren müssen Sie schon in dieses Gericht. Allerdings nicht finanziell – denn die Zutaten kosten fast nichts – sondern in die Zubereitung. Durch die Mühe, die Sie sich mit der Herstellung des Strudelteigs machen, werden die billigen Zutaten geadelt, und Sie erhalten ein attraktives vegetarisches, absolut gästetaugliches Essen.

6 Portionen

Füllung:
1 kleiner Kopf Weißkohl
1 große oder 2 kleine Zwiebeln
1-2 Knoblauchzehen
3 EL Öl
3 EL Rosinen
1-2 EL Currypulver
Salz

Strudelteig:
300 g Mehl + etwas Mehl zum Verarbeiten
3 EL Öl
1/2 TL Salz

Schnittlauch-Joghurt:
500 g Joghurt
1 Bund Schnittlauch
Salz

Utensilien: Küchenmaschine oder Rührgerät (Knethaken). Wer die Mühe nicht scheut, kann auch die Ärmel hochkrempeln und mit den Händen kneten. Unerlässlich hingegen: Teigroller, Backpapier
Zubereiten: ca. 75 Minuten
Backen: ca. 30 Minuten
Kosten: ca. 4,80 € / Portion ca. 0,80 €

Bereiten Sie zuerst den Teig zu: In einer Rührschüssel oder in der Küchenmaschine Mehl mit Salz mischen, 150 ml lauwarmes Wasser und das Öl dazugeben und das Ganze zu einem kompakten, aber geschmeidigen Teig verkneten. Den Teig mit einem feuchten Tuch oder einfach mit einem Teller zudecken und ruhen lassen.

Jetzt die Füllung herstellen: Kohl, wenn nötig, von schadhaften Stellen befreien, vierteln und den Strunk keilförmig herausschneiden. Von den äußeren Blättern allzu dicke Rippen abflachen oder entfernen. Kohl in feine Streifen hobeln.

Zwiebel häuten, fein würfeln und in einer großen Pfanne bei schwacher Hitze im Öl andünsten. Knoblauch hacken und dazugeben. Nach etwa 5 Minuten den zerkleinerten Kohl hinzufügen und einige Minuten mitschmoren.

Ein bisschen darf der Kohl bräunen, bevor er aber vollends anbrennt, bitte eine Tasse Wasser dazugießen. 1 knappen Teelöffel Salz und das Currypulver zum Kohl geben und bei geschlossenem Deckel garen. Zwischendurch, wenn nötig, noch etwas Wasser nachgießen. Am Ende soll der Kohl gar und das Wasser komplett verkocht sein.

Auf eine mit Mehl bestreute Arbeitsfläche ein sauberes Geschirrtuch ausbreiten, ebenfalls mit Mehl bestreuen und den Teig darauf hauchdünn ausrollen. Möglich, dass Sie dazu noch ein bisschen Mehl zugeben müssen, wenn der Teig zu weich ist.

Der traditionellen Anleitung zufolge soll man durch den Teig hindurch die Zeitung lesen können. Nehmen Sie's nicht ganz wörtlich, aber versuchen Sie, den Teig so dünn wie irgend möglich auszurollen. Zuletzt den Teig – ganz vorsichtig, damit er nicht reißt – über den Handrücken noch weiter auseinanderziehen

Inzwischen sollte die Füllung mehr oder weniger abgekühlt sein. Füllung auf dem Teig verteilen, dabei einen breiten Rand stehen lassen. Die Rosinen darüber streuen. Sie haben neben ihrer Funktion als Aromenspender auch die Aufgabe, überschüssige Feuchtigkeit aufzusaugen, lassen Sie sie also bitte nicht weg.

Den Teig an den Seiten etwas über die Füllung schlagen. Mit Hilfe des Tuchs den Teig mit der Füllung zu einer Rolle formen. Die Rolle vorsichtig auf ein mit Backpapier ausgelegtes Blech hieven.

Im Backofen bei 180 Grad backen, bis der Strudel goldbraun ist und aussieht, wie es sich für einen Strudel gehört. Rechnen Sie mit einer Backzeit von etwa 30-40 Minuten. Aber wie immer beim Backen: Behalten Sie die Sache im Auge.

Während der Strudel bäckt, ist es Zeit, den Joghurt anzumachen: Schnittlauch in ganz feine Röllchen schneiden, mit dem Joghurt verrühren, mit Salz abschmecken.

Strudel in 12 Stücke schneiden, jeweils zwei auf einen vorgewärmten Teller legen, etwas Schnittlauch-Joghurt dazugeben.

Blätterteigtaschen mit Paprika und Mozzarella *Vegetarisch*
Foto Seite 115

Auch hier wieder: nur wenige Zutaten, aber perfekt kombiniert.

Früher habe ich, wenn es unbedingt Blätterteig sein sollte, ihn selbst gemacht, weil ich die übliche Supermarktware, hergestellt unter Verwendung von »Ziehmargarine« und anderen industriellen Hilfsstoffen nicht eben verführerisch fand. Macht bloß leider wirklich eine Heidenarbeit.

Seit ich im Bioladen den Butterblätterteig entdeckt habe, mache ich es mir schon mal etwas bequemer.

6 Stück

1 Paket (300 g = 6 Teigplatten) Blätterteig
etwas Mehl zum Ausrollen
250 g Paprikaschoten
1 Knoblauchzehe
2 EL Öl
1 Mozzarella, 125 g
Salz
nach Belieben: ein kleines Stück Chilischote, Basilikumblätter

Utensilien: Teigroller, Pfanne, Backblech

Zubereiten:
Kosten: mit Butterblätterteig ca. 4,80 € / pro Stück 0,80 €
mit veganem Blätterteig ca. 4,10 €/ pro Stück 0,68 €

Paprika halbieren, von Stielansatz, Kernen und weißen Rippen befreien und in kleine Stückchen schneiden. Knoblauch grob würfeln. Mozzarella in 6 Scheiben schneiden. Falls gewünscht, Chili in winzigste Würfelchen hacken.

Öl in der Pfanne erhitzen und darin Paprika und Knoblauch in ca. 5 Minuten knapp gardünsten. Salzen. Backofen auf 200 Grad stellen.

Teigplatten nacheinander auf der mit Mehl bestreuten Arbeitsfläche ausrollen, jeweils ein Sechstel der Paprika in die Mitte setzen (evtl. Chilischoten darüber streuen), mit einer Scheibe Mozzarella belegen. Die Teigplatte von der Schmalseite her über die Füllung klappen und mit in Mehl getauchten Gabelzinken festdrücken.

Die Teigtaschen auf ein mit kaltem Wasser gespültes – nur abgetropftes, nicht abgetrocknetes – Blech legen und backen, bis die Teigtaschen knusprig und zart gebräunt sind.

Spinattaschen
je nach Blätterteig-Art Vegan oder vegetarisch

(Foto Seite 115)

Rasch gemacht sind diese Teigtaschen. Wenn Sie immer Blätterteig und Spinat im Tiefkühlfach haben, sind Sie für unvorhergesehe Gelüste oder unerwartete Gäste bestens gerüstet.

6 größere oder 12 kleine Teigtaschen

1 Paket (300 g) Blätterteig (Butterteig oder vegane Sorte)
etwas Mehl für die Arbeitsfläche
12 Knubbelchen Blattspinat (etwa 250 g) aus einer TK-Packung
Salz

Utensilien: Teigroller

Zubereiten: ca. 10 Minuten
Backen: ca. 10 Minuten
Kosten: ca. 3,00 / Stück 0,50 € (Butterteig). Vegan ca, 2,30 / 0,40 €

Teigblätter nebeneinander auf die bemehlte Arbeitsfläche legen. Warten, bis sie nicht mehr steinhart gefroren sind. Platten auf etwa 1 1/2 fache Größe ausrollen, in der Mitte leicht salzen. Zwei gefrorene Spinatstücke auflegen, ebenfalls mit wenig Salz bestreuen. Teig darüberklappen, mit Gabelzinken Ränder festdrücken, an der Oberseite kleine Einschnitte machen. Bei 200 Grad in etwa 10 Minuten goldbraun backen.

Für kleine Taschen die Platten halbieren und nur 1 Spinatknubbel auflegen.

Darf es etwas mehr sein?

Etwas Knoblauch macht sich natürlich gut. Auch etwas geriebener Käse oder zerbröckelter Schafkäse bereichert die Spinattaschen aromatisch.

Pikante Blätterteigschnecken

Brunch, Nachmittagskaffee, Spieleabend – mit den kleinen knusprig-pikanten Schnecken liegen Sie als Gastgeber oder als Gast, der sie mitbringt, immer richtig.

20 Mini-Schnecken

1 Paket (300 g) Blätterteig + etwas Mehl zum Verarbeiten
1 Packung Frischkäse, 175 g
Salz, Pfeffer
1/2 Bund gehackte Petersilie
evtl. zusätzlich: 30 g geräucherter durchwachsener Speck, in winzigste Würfel geschnitten

Utensilien: 1 Bogen Backpapier in Größe des Blechs, Teigroller

Zubereiten: ca. 30 Minuten
Backen: ca. 10 Minuten
Kosten: Nur mit Frischkäse + Kräutern ca. 5,00 € / mit zusätzlich Speck: ca. 5,50 €

Normalerweise brauchen Sie zum Backen des stark fetthaltigen Blätterteigs weder Fett noch Backpapier. Wegen der Füllung ist Backpapier allerdings zu empfehlen, damit die Schnecken nicht festkleben (wie es mir beim ersten Versuch passiert ist). Arbeitsfläche mit etwas Mehl bestäuben. Die Teigplatten leicht überlappend zu einem großen Rechteck zusammenlegen.

Während der Teig taut, Petersilie hacken und mit dem Frischkäse vermengen. Mit Salz und Pfeffer würzen.

Backofen auf 200 Grad stellen. Blech mit Backpapier belegen. Teigplatte und Teigroller mit Mehl bestreuen und den Teig so ausrollen, dass sich das Rechteck etwas vergrößert. Den Frischkäse aufstreichen. Wenn gewünscht, Speckwürfel darüberstreuen. Teig aufrollen, die Rolle in 20 Scheiben schneiden. Diese Schnecken auf das Blech legen und in etwa 10 Minuten knusprig und hellgoldbraun backen.

Rubens liebster Gemüsekuchen

»Blitzblätterteig« ist ein genialer Kompromiss zwischen dem aufwendigen echten Blätterteig und dem denkbar simplen Quark-Öl-Teig. Er wird im Prinzip ebenso einfach hergestellt wie dieser, statt Öl kommt aber Butter zum Quark, was die Sache geschmacklich enorm hebt.

4 Portionen

Teig:

150 g Mehl + Mehl zum Ausrollen
150 g Magerquark
150 g weiche Butter
1/2 TL Salz

Belag:

250 g Karotten
1 große oder 2 kleinere Stangen Lauch
1 Ei
1 Becher (200 g) Schmand (oder Crème fraîche)
1 Knoblauchzehe
Salz, Pfeffer

Utensilien: Spring- oder Pieform von 26-28 cm Ø

Zubereiten: ca. 40 Minuten
Backen: ca. 30 Minuten
Kosten: ca. 4,40 € / Portion ca. 1,10 €

Mehl, Quark, Butter und Salz zu einem glatten, geschmeidigen, relativ weichen Teig verkneten. In einer Schüssel zugedeckt an einem kühlen Platz ruhen lassen.

Karotten schälen, in dünne Scheiben schneiden und in einem Topf, in dem auch noch der Lauch Platz finden muss, mit wenig leicht gesalzenem Wasser zum Kochen aufsetzen.

Während die Karotten mit sich beschäftigt sind, Lauch putzen, gründlich waschen und in feine Ringe schneiden. Wenn die Karotten schon 1-2 Minuten richtig gekocht haben, den Lauch zufügen. Nochmal aufkochen und wenige Minuten weiterköcheln. Die Gemüse sollen gerade eben gar sein.

Das Kochwasser, das jetzt eigentlich schon eine veritable Gemüsebrühe ist, in einen kleinen Topf abgießen. (Für dieses Rezept brauchen Sie die Brühe leider nicht mehr, aber es wäre schade, sie wegzuschütten. Trinken Sie sie notfalls, sie schmeckt nicht übel.) Das Gemüse in einem Sieb gut abtropfen lassen.

Arbeitsfläche mit Mehl bestreuen, etwas Mehl auf die Hand nehmen und den Teig zu einem flachen runden Fladen formen und in die Kuchenform legen. Mit den Fingern einen kleinen Rand hochdrücken.

Backofen auf 180 Grad stellen. In einer Schüssel das abgetropfte Gemüse mit Ei und Schmand mischen, Knoblauch dazupressen. Kraftig salzen und pfeffern. Gemüsefüllung auf den Teig gießen und glattstreichen. Backen, bis der Gemüsekuchen appetitlich gebräunt ist, das sollte in etwa einer guten halben Stunde soweit sein.

Tipp

Unzählige Male habe ich in Rezepten und Kochanleitungen gelesen, man solle vom **Lauch** »nur das Weiße« verwenden. Was für ein pseudo-vornehmer Unsinn. Das Weiße ist zarter, gewiss. Das Grüne aber ist reicher an so vorteilhaften Inhaltsstoffen wie Vitaminen und Mineralien. Also bitte: Verwenden Sie auch die grünen Teile, soweit sie frisch und saftig wirken. Nur die dunkelgrünen harten und trockenen oder welken Enden entfernen.

Fisch

Ein schwieriges Kapitel. Die Meere sind weitgehend ausgeplündert, hören und lesen wir. Von vielen Fischsorten sollen wir gefälligst die Finger lassen, mahnen Umweltverbände.

Seefisch ist gesund und sollte zweimal die Woche auf dem Speiseplan stehen, mahnen hingegen Ernährungswissenschaftler.

Wer nun glaubt, was zweimal die Woche gesund ist, müsste sieben Mal die Woche noch gesünder sein und meint, er müsse deshalb täglich Sushi essen, irrt allerdings. Nicht zu unterschätzen ist nämlich die Belastung des Fischs durch Schwermetalle. Was das betrifft, ist es übrigens unerheblich, ob der Fisch aus Wildfang, Aquakultur oder aus Bio-Aquakultur stammt. Die Meere sind in hohem Maße versaut, so ist das leider.

Versuchen wir aber wenigstens herauszubekommen, von welchem Fisch wir uns noch einen Happen gönnen dürfen, ohne dass deswegen am nächsten Morgen die Art ausgestorben ist.

Greenpeace und auch der Worl Wildlife Fund (WWF) veröffentlichen regelmäßig Listen, auf denen besonders gefährdete Fische aufgezählt sind, aber auch solche, deren Verzehr noch als relativ unbedenklich gilt. Es gibt kleine Faltblättchen, die der bewusste Konsument und die bewusste Konsumentin tunlichst immer dabei haben sollten, um beim Fischkauf die nötige Information parat zu haben.

Hin und wieder wechseln Informationen und Empfehlungen, weil sich die Lage ändert: Gewisse Fischbestände erholen sich, während andere akut in Not geraten. Das Essen von Fisch ist kompliziert geworden. Doch die Sache ist so wichtig, dass es der Mühe wert ist, sich zu informieren.

Gute Orientierung bietet das Siegel des Marine Stewardship Council, kurz MSC (msc.org/de). Fische, die dieses Siegel tragen, entsprechen in etwa den Forderungen, die Greenpeace und WWF an nachhaltige Fischerei stellen.

Mit halbwegs gutem Gefühl kann man wohl Fisch aus Bio-Aquakultur genießen. Das Angebot ist in jüngster Zeit deutlich gestiegen. Naturkostläden und Supermärkte mit gutem Bio-Angebot haben mittlerweile durchweg bezahlbaren Räucherlachs im Kühlregal sowie diverse Fischsorten in der Tiefkühltheke.

So erfreulich das ist, mir persönlich ist frischer Fisch lieber als eingefrorener, also bin auf die Sorten angewiesen, die aus Wildfang kommen, aber noch in ausreichender Menge vorhanden sind.

Bevor ich zum Wochenmarkt gehe, wo ein Fischstand ist, schaue ich auf der Seite www.wwf.de/themen nach. Dort finde ich einen Link zu »Meere & Küsten« und dort den jeweils aktuellen »Einkaufsratgeber Fische & Meeresfrüchte«. Nach derzeitigem Stand (Oktober 2010) gilt: Seelachs ist eine »gute Wahl«. Er ist es, das trifft sich gut, auch preislich. Ist ja auch logisch: Am teuersten sind Raritäten, also jene Fische, von denen es kaum noch etwas gibt.

Kann man sich also im Umkehrschluss darauf verlassen, dass billiger Fisch stets empfehlenswert ist? Leider nein. Zum einen ist herkömmliche Aquakultur zu Wasser das, was Massentierhaltung zu Lande ist. Ganz grob könnte man also sagen: Bei Aquakultur ist besser gleich teurer, weil dem Fisch mehr Platz und besseres Futter gegönnt wird und ihm vorbeugende Medikamente erspart bleiben. Bei Wildfang gilt tendenziell: Je teurer der Fisch, desto gefährdeter die Art. Wieso es immer noch soviel billigen Thunfisch in Dosen gibt, obwohl Thun zu den am stärksten bedrohten Arten zählt, ist allerdings rätselhaft.

Ein kleines Seelachsfilet also. Und jetzt kommen wir endlich zur Sache: Nachdem ich Fisch schon auf die vielfältigste Weise zubereitet habe, in der Pfanne gebraten, natur oder paniert, überbacken, pochiert, gedünstet, gedämpft oder gegrillt, habe ich endlich DIE eine Methode gefunden, die mir hundertprozentig gefällt. Es ist die schnellste Methode. Es ist die, die am wenigsten Arbeit macht und am wenigsten Geruch hinterlässt und vor allem: Jedes Mal wieder schmeckt es unglaublich gut!

Rosas liebstes Fischfilet

Foto Seite 114

Seinen besonderen Charme erhält dieses sehr unkomplizierte Rezept durch die Verwendung von eingelegter Zitrone. Falls Sie keine haben, beträufeln Sie den Fisch mit Zitronensaft. Das Ergebnis ist ebenfalls sehr gut, aber mit der Salzzitrone eben noch einen Tick aparter.

2 Personen

1 frisches Seelachsfilet von ca. 200-250 g
3 EL Olivenöl
1 Knoblauchzehe
1/4 Salzzitrone (Rezept Seite 50)
1 EL Kapern
Salz, Pfeffer
1 Frühlingszwiebel
2 kleine Tomaten oder ein paar Scheibchen Zucchini

Utensilien: Pinzette, feuerfeste Form
Zubereiten: ca. 15 Minuten
Garen: ca. 10 Minuten
Kosten: ca. 3,20 € / pro Person ca. 1,60 €

Mit den Fingern fühlen, ob noch Gräten im Filet sind, falls ja, mit einer Pinzette herausziehen.

In eine feuerfeste Form 1 EL Olivenöl gießen und den Fisch unzerteilt darauf betten. (Das Auseinanderschneiden des rohen Fischs ist mühsamer als das Zerteilen des gegarten.)

Backofen auf 180 Grad stellen. Knoblauch in feine Scheibchen schneiden, die Zitronenschale fein würfeln, Frühlingszwiebel in Ringe schneiden, Tomaten halbieren oder vierteln. Knoblauch und Zitronen auf, Gemüse neben dem Fisch plazieren, das Ganze nochmal mit etwas Olivenöl beträufeln.

Nach etwa 10 Minuten im Backofen sollte der Fisch auf den Punkt gar sein. Prüfen Sie, indem Sie an der dicksten Stelle den Fisch leicht anheben. Er sollte durch und durch weiß und nicht mehr glasig sein.

Fisch und das bisschen Gemüse auf 2 Teller verteilen, Pfeffer darübermahlen. Vorsicht beim Salzen, Kapern und Salzzitrone bringen möglicherweise schon ausreichend Salz mit. Ein weiterer Spritzer Olivenöl kann keineswegs schaden.

Beilage? Höchstens ein Stückchen Weißbrot zum Auftunken der Sauce.

Makrelencreme

Die Makrele gilt nicht als vornehmster Fisch. Dabei ist sie wunderbar würzig und bringt in ihrer geräucherten Form ein Aroma mit, das absolut perfekt ist und nicht großartig mit Gewürzen aufgemotzt werden muss. Ein bisschen Pfeffer reicht völlig aus.

6-8 Portionen

1 kleine geräucherte Makrele
1 Becher (200 g) Schlagsahne
grob gemahlener schwarzer Pfeffer

Utensilien: wenn möglich, Pürierstab oder Mixer, notfalls kriegen Sie den Räucherfisch aber auch mit der Gabel klein
Zubereiten: ca. 20 Minuten
Kosten: ca. 3,00 € / Portion 0,40-0,50 €

Die Makrele auslösen: Kopf entfernen, Haut abziehen, die Filets von der Mittelgräte lösen. Das Fleisch klein zerpflücken und dabei aufmerksam fühlen, ob noch Grätenteile vorhanden sind. Das hört sich schlimmer an als es ist, die Makrele lässt sich recht schnell grätenfrei auslösen.

Die Makrelenstücke pfeffern und zusammen mit einem Viertel Sahne pürieren. Übrige Sahne steif schlagen und unter das Fischpüree heben. Etwas Pfeffer drübermahlen.

Die Makrelencreme schmeckt am besten auf rustikalem Brot. Dekorativ und lecker: ein paar Schnittlauchröllchen darüberstreuen.

Apfel-Sellerie-Salat mit Räuchermakrele

4 Personen

1 rotbackiger Apfel
1/2 kleine Sellerieknolle
5 Walnüsse
2-3 Frühlingszwiebeln
Pfeffer
1 kleine geräucherte Makrele
1 Becher (200 g) Sauerrahm
1 EL Meerrettich (Glas)
Utensilien: Reibe

Zubereiten: ca. 20 Minuten

Kosten: ca. 4,00-5,00 € / pro Person 1,00-1,25 € (abhängig vor allem vom Preis des Fischs. Auf dem Wochenmarkt müssen Sie eher mit 3 € kalkulieren; ich habe geräucherte Makrelen, samt MSC-Zertifikat für nachhaltige Fischerei, aber auch schon für etwa 2 € in Supermärkten gesehen.)

Sauerrahm mit Meerrettich verrühren (am besten gleich im Becher).

Den sauberen Apfel vom Kernhaus befreien und ungeschält in sehr kleine Stückchen, die Frühlingszwiebel in feine Ringe schneiden. Den Sellerie grob raffeln. Die Walnusskerne auslösen.

Die vorbereiteten Zutaten in einer weiten Schale oder auf einem großen Teller anrichten, den Fisch von Haut und Gräten befreien, in größere Stücke zerpflücken und auf dem Salat verteilen. Den Meerrettich-Sauerrahm darübergießen, etwas Pfeffer darübermahlen.

Falls Ihnen vom Meerrettichrahm etwas übrigbleibt, können Sie damit am nächsten Tag beispielsweise einen Rote-Bete-Salat anmachen: Einfach eine Rote-Bete-Knolle – roh oder gekocht, beides schmeckt – raffeln und mit der Sauce übergießen.

Linguine mit Spinat und Garnelen

Foto Seite 107

Fisch und Meeresfrüchte sollte man angesichts überfischter Meere nur noch in kleinen Mengen zu sich nehmen. Also: Kein Krabben-cocktail, keine Fischplatte – die man sich bei Ebbe in der Kasse sowieso nur schwer leisten kann –, sondern lieber Pasta mit ein paar wenigen Krabben. Klingt zu ärmlich? Probieren Sie's aus! Schon ein paar wenige Garnelen – 30 Gramm für etwa 60 Cent – reichen für eine absolut köstliche Pasta-Portion aus.

Vorneweg ein Lauch-Orangen-Salat *(Rezept Seite 59)*, damit die Obst-Gemüse-Bilanz stimmt, als Hauptgang für jeden eine Por-tion Linguine und hinterher ein üppiges Dessert wie der Hasel-nusspudding *(Rezept Seite 194)* – und Sie haben für weniger als fünf Euro zu zweit richtig fein getafelt.

Tiefgekühlte Garnelen aus Bio-Aquakultur bekommen Sie für et-wa 3,60 Euro / 200 Gramm. In meiner 200-Gramm-Packung be-fanden sich 32 Garnelen, somit kostete jede einzelne weniger als 12 Cent, macht 60 Cent für fünf Stück. 450 g Spinat kosten um 1,60 Euro. Beides lässt sich perfekt portionieren: Die Garnelen lassen sich einzeln entnehmen, und der Spinat besteht aus lauter praktischen kleinen Knubbelchen, die man ebenfalls einzeln aus der Packung holen kann. Für eine leckere Pasta zum Beispiel benötigen Sie pro Person nicht mehr als fünf Shrimps sowie 50 Gramm vom Spinat.

1 Portion

80 g Linguine oder Spaghetti
1 kleine Knoblauchzehe
1 EL Öl
5 Garnelen
3 Spinatknubbel
Salz, Pfeffer
ein kleiner Spritzer Olivenöl zum Verfeinern

Zubereiten: knapp 15 Minuten
Kosten: ca. 1,00 €

Nudeln nach Packungsanweisung garen.

In einer kleinen Pfanne das neutrale Öl erhitzen und darin die geschälte Knoblauchzehe, den gefrorenen Spinat und die Garnelen braten, bis Garnelen und Spinat vollständig erhitzt sind. Leicht salzen und pfeffern. Die Nudeln dazugeben und kurz miterhitzen.

Einen Spritzer Olivenöl über das fertige Gericht träufeln.

Fisch im Gemüsebett

Alles aus einem Topf: Ganz zuunterst schmurgeln feingeschnittene Zwiebeln, darauf lagert Wirsing, auf dem wiederum Kartoffel- und Karottenwürfel liegen. Obenauf thront feines Fischfilet, das in seinem kuscheligen Bett sanft gedämpft wird.

Zubereitet wird das ganze Gericht so energiesparend wie möglich: es kommt mit einem Topf auf dem Herd aus. Der Fisch stammt aus bestandserhaltender Fischerei.

4 Portionen

250 g Schellfischfilet oder anderes Fischfilet aus nachhaltiger Fischerei
1 kleiner ganzer oder 1/2 Kopf Wirsing, ca. 600 g
2 Zwiebeln
600 g Kartoffeln
1-2 Karotten
2 EL Öl
1 EL Essig
je 1 TL Kümmel, Fenchel und Koriander
2 EL Zitronensaft
Salz
2 EL Olivenöl

Utensilien: Mörser oder Mixer

Zubereiten: ca. 60 Minuten
Kosten: ca. 7,50 € / Portion ca. 1,90 €

Die Zutaten werden langsam, eine nach der anderen, in den Topf gebracht: Zuerst die Zwiebel würfeln und im Öl andünsten. Die Zwiebelwürfel sollen gleichmäßig auf dem Topfboden verteilt sein.

Während die Zwiebel sachte brät, Wirsing putzen, von Strunk und sehr dicken Rippen befreien und in feine Streifen schneiden. Eine Lage Wirsing auf den Zwiebeln ausbreiten, leicht salzen.

Kümmel, Fenchel und Koriander in Mörser oder Mixer zerkleinern und den Wirsing damit bestreuen. Restlichen Wirsing darüber verteilen, leicht salzen und mit etwas Essig beträufeln.

Deckel auflegen und bei schwächster Hitze garen lassen. Gleichzeitig die Kartoffeln schälen und in ca. 1 cm kleine Würfel schneiden. Die Karotten in noch kleinere Würfel von maximal 1/2 cm schneiden. Beides auf dem Wirsing verteilen. Wieder Deckel auflegen.

Normalerweise sollte das Ganze so sanft garen, dass nichts ansetzt. Sollten Sie den Eindruck haben, dass Gefahr besteht, dass etwas anbrennt, ganz wenig Wasser (oder gern auch einen kleinen Schuss Weißwein) dazugießen.

Den Fisch in 8 Stückchen zerteilen, mit Salz bestreuen und mit Zitronensaft beträufeln. Ein Kartoffelstückchen herauspicken und prüfen, wie weit es ist. Erst wenn die Kartoffel schon halbgar ist, die Fischstücke darauf legen und wieder den Deckel schließen. In etwa 10 Minuten sollte der Fisch auf den Punkt gar sein. Falls der Fisch innen noch glasig ist, noch wenige Minuten bei ausgeschaltetem Herd nachgaren lassen.

Fisch und Gemüse auf vorgewärmte Teller verteilen. Fisch mit etwas Olivenöl beträufeln.

Variante:

Zunächst dachte ich, dass Butterbrösel, über den Fisch gestreut, am besten passen würden. Ich habe beides probiert und war überrascht, dass das Olivenöl das Gericht geschmacklich noch besser abrundet als die Butter. Trotzdem: In der Pfanne kurz aufgeschäumte Butter mit Semmelbröseln sind auch eine gute Wahl.

Fisch-Curry mit Lauch

Bei teuren Zutaten kommt es darauf an, sie so raffiniert zu verteilen, dass bei Tisch kein Gefühl des Mangels aufkommt. Ideal, um geringe Mengen Fisch oder Fleisch effektvoll in Szene zu setzen: sie nach indischem oder thailändischem Vorbild zu Curry verarbeiten.

3-4 Portionen

200-250 g Fischfilet aus bestanderhaltender Fischerei, frisch oder TK
1 Zitrone oder Limette
250 g Reis (am günstigsten: Patna. Fein, aber teurer: Basmati)
1 große Zwiebel
2 EL Öl
1 große oder 2 kleine Stangen Lauch
1-2 Karotten
3 EL Curry- oder Tandoori-Paste (Rezept für selbstgemachte Curry-Paste Seite 40)
1 kleines Stück (etwa 1/6 der Packung) Creamed Coco (schnittfest gepresste Kokosmilch)
1/2 Chilischote
Salz oder Fischsauce

Zubereiten: ca. 40 Minuten
Kosten: ca. 7,00 € / Portion 1,75-2,30 €

Fisch in schmale Streifen schneiden. Zitrone oder Limette auspressen und über den Fisch gießen. Zwiebel hacken. Lauch putzen, gründlich waschen und in feine Ringe schneiden. Karotte(n) putzen und in sehr feine Streifen oder Würfel, Chili in feinste Ringe schneiden.

Reis in leicht gesalzenem Wasser kalt aufsetzen, zum Kochen bringen.

Gleichzeitig Zwiebel in einer großen Pfanne im Öl andünsten. Curry- oder Tandoori-Paste unterrühren. Karottenstückchen und Lauch dazugeben. Bei geschlossenem Deckel einige Minuten dünsten. Gleichzeitig ein Auge auf den Reis haben. Wenn er halbgar ist, Herd ausschalten und den Reis im Topf weiter ausquellen lassen.

Wenn Karottenstückchen und Lauch nicht mehr hart sind, Fischstreifen samt Saft sowie die Chiliringe in die Pfanne geben. Noch 5 Minuten bei schwächster Hitze weitergaren. Mit Salz oder, wenn vorhanden, mit Fischsauce abschmecken.

Reis in Schälchen füllen und einige Löffel Curry dazugeben.

Darf es etwas mehr sein?

Ein wenig Koriandergrün verschönert das Curry.

Fleisch und Huhn

Nicht-Vegetarier werden hin und wieder vom unbezähmbaren Drang nach einem Stück Fleisch heimgesucht. Nicht nach ein paar Krümeln Hackfleisch in der Nudelsauce, sondern nach einem Stück, in das sie die Zähne schlagen können. Das Obelixhafte in uns bricht sich Bahn. Die Schweinshaxe im Lokal ist aber bei Ebbe in der Kasse kaum erschwinglich, erschwerend kommt hinzu, dass sie häufig von Tieren stammen, deren Leben eine Tortur war.

Trost bieten könnte ein Stück Schweinebauch, auch in Bio-Qualität ein preisgünstiger, weil wenig nachgefragter Teil des Tieres. Meine Oma ließ solche Schweinebauchscheiben, nur leicht gesalzen, in der Pfanne brutzeln. Dazu gab es Kartoffelpüree mit Zwiebeln, die im herauslaufenden Fett des Schweinebauchs gebraten wurden. Ein sehr archaisches, deftiges, vielleicht sogar unkultiviert zu nennendes Essen – das aber den Heißhunger auf krachende Kruste befriedigt. Zart ist das Fleisch nicht nach all der Brutzelei, aber manchmal möchte man sich's eben nicht auf der Zunge zergehen lassen, sondern braucht etwas zum Kauen. Wer das zäh nennt, hat nichts begriffen.

Gebratener Schweinebauch

Foto Seite 114

Im Idealfall haben Sie vom Vortag noch einen Rest Pellkartoffeln übrig, die Sie in Scheiben schneiden und mitbrutzeln, oder Kartoffelpüree, das Sie nach dem Braten des Fleischs schnell in der Pfanne erwärmen. Sonst Kartoffelpüree herstellen wie rechts beschrieben – oder sich mit einem Stück Brot als Beilage begnügen.

Für 1 Person

1 etwa 1 cm dicke Scheibe Schweinebauch (ca. 100 g)
Salz, evtl. Pfeffer
Für die ganz puristische Variante: 1 Stück Brot, um das Bratenfett aufzutunken

Für die Komfort-Variante:
1 Portion Pellkartoffeln vom Vortag
oder 1 Portion Kartoffelpüree, vom Vortag oder frisch gemacht

Zubereiten: ca. 20 Minuten
Kosten: *ca. 1,00 € für das Fleisch, dazu, je nachdem, Kosten für Brot / Zwiebel / Püree*

Das Fleisch leicht salzen und den Schwartenrand mehrfach einschneiden. Die Pfanne ohne Fett erhitzen und das Fleisch hineinlegen. Als erstes wird das gute Stück am Pfannenboden festkleben. Das soll Sie nicht bekümmern. Sie müssen nur die Nerven behalten und abwarten. Das Einzige, was Sie nicht tun dürfen: das Fleisch, das sich soeben aufs Innigste mit dem Metall verbunden hat, mit Gewalt losreißen.

Lassen Sie es einfach brutzeln, nach einer Weile löst es sich ganz von selbst wieder. Dann – und erst dann – ist der Moment gekommen, das Fleisch zu wenden, von der anderen Seite anzubraten und wieder zu warten, bis es sich von selbst löst. Die Wartezeit überbrücken Sie, indem Sie eine Zwiebel in Ringe schneiden.

Während des Bratens bildet sich in der Pfanne eine immer größer werdende Fettpfütze. Sobald das Fleisch durch und die Schwarte knusprig ist, können Sie darin die Zwiebel sowie, so vorhanden, in Scheiben geschnittene Kartoffeln oder Kartoffelpüree braten. Sie können auch einfach ein Stück Brot im Bratenfett rösten und anschließend salzen. Die gebratenen Zwiebeln auf das Püree oder das geröstete Brot häufen.

Dieses Gericht bedarf keiner weiteren Gewürze oder Beilagen. Es geht um den konzentrierten Fleischgenuss, von dem nichts ablenken soll. Danach kann wieder eine ganze Reihe von vegetarischen Tagen kommen.

Kartoffelpüree
2 Portionen

400 g Kartoffeln
Salz
75 ml Milch
1 Löffel Butter

Utensilien: Kartoffelstampfer

Zubereiten: ca. 20 Minuten
Kochen: ca. 12 Minuten
Kosten: ca. 1,00 € / Portion ca. 0,50 €

Kartoffeln schälen, je nach Größe vierteln, achteln oder noch kleiner schneiden und in Salzwasser garen. Das dauert je nach Größe der Stücke und Kartoffelsorte etwa 12 Minuten.

Das Wasser abgießen, die Kartoffeln im Topf gründlich zerstampfen, dabei die Milch zugießen und die Butter zugeben. So glatt und locker wie möglich zerkleinern.

Warnung: Bitte nie auf die Idee kommen, den Pürierstab zu Hilfe zu nehmen. Sie würden kein Püree, sondern Kleister erhalten. Dann lieber ein paar Kartoffelbröckchen spüren.

Geschmorte Zwerchrippe

Ebbe im Portemonnaie und Rinderbraten lassen sich kaum miteinander vereinbaren. Es sei denn, Sie greifen auf weniger nachgefragte Teile zurück. Etwa die Zwerchrippe. Die ist nur deshalb weniger populär, weil sie nicht so bequem und pflegeleicht ist wie Filet oder Lende. Doch wer sich die Mühe macht, das recht durchwachsene Stück zuzubereiten, wird mit einem herzhaft-leckeren Gericht belohnt.

Für das folgende Rezept hatte ich ein 500 Gramm schweres Stück aus dem Sonderangebot zur Verfügung (Kilopreis 5,00 Euro, das Pfund also 2,50 Euro).

2 Portionen

500 g Zwerchrippe
2 EL neutrales Öl
250 g Zwiebeln
1 Knoblauchzehe
2 EL Essig (Sorte egal)
1 kleine Karotte
1 Msp Kümmel
2 EL Tomatenmark
Salz, Pfeffer
wenn vorhanden: ein kleines Stück Brotkanten zum Mitschmoren

Zubereiten: ca. 20 Minuten
Schmoren: ca. 90 Minuten
Kosten: ca. 3,30 € / Portion ca. 1,65 €

Das Öl erhitzen und das Fleisch darin von allen Seiten kräftig anbraten. Die Fleischstückchen erst wenden, wenn sie sich leicht vom Topfboden lösen, nicht mit Gewalt losreißen.

Die Zwiebeln grob zerkleinern und kurz mitbraten, aber nicht dunkel werden lassen. Mit Essig ablöschen. 100 ml Wasser dazugießen und den Kümmel hinzufügen. Den Deckel auflegen und das Fleisch auf kleinster Flamme schmoren lassen. Wenn Sie einen kleinen Brotkanten übrig haben, sollten Sie den mitschmoren, das macht die Sauce sämig und würzig.

Hin und wieder nachsehen, ob noch Flüssigkeit im Topf ist und bei Bedarf etwas Wasser nachgießen.

Nach 1 1/2 bis 2 Stunden sollte das Fleisch gar sein. Das Tomatenmark in die Sauce einrühren.

Wenn Sie die fettigen Teile gerne mitessen, umso besser! Wenn sie am Tellerrand liegenbleiben, grämen Sie sich nicht. Verschwendet waren diese Teile ja trotzdem nicht, denn sie haben zum wunderbaren Geschmack der Sauce beigetragen.

Gut dazu:

Am besten passen zur geschmorten Zwerchrippe Bandnudeln. Es reichen für 2 Portionen 100 Gramm Nudeln, es kommen in der günstigsten Version also nochmal 20 Cent hinzu. Für 1,75 Euro pro Person haben Sie somit ein herzhaftes Fleischgericht.

Darf es etwas mehr sein?

Je nach Verfügbarkeit können Sie mit frischem oder getrocknetem Thymian würzen, können Gemüse- oder Fleischbrühe angießen statt Wasser oder auch Wein – wobei Rot- und Weißwein gleichermaßen geeignet sind. Sie können auch Tomaten mitköcheln.

Aber, ehrlich gesagt: Die Basisversion schmeckt, so wie ist, eigentlich ganz prima.

Kohlrouladen / Krautwickel mit Tomatensauce

Foto hintere Umschlagseite, untere Reihe ganz rechts

Ein Klassiker der Hausmannskost, und zwar ein schlauer: Wenig Fleisch, mit dem das Gemüse aufs Innigste verbunden ist.

4 Portionen / 8 kleine Rouladen

1 kleiner Kopf Weißkohl
300 g Hackfleisch
1 altbackene Semmel oder 1-2 Scheiben altes Weißbrot oder 3 EL Semmelbrösel (»Paniermehl«)
1 Zwiebel
1 TL getrockneter Majoran
1 Ei
1 TL Salz
3 EL Öl

Tomatensauce:

1 Zwiebel
1 EL Öl
1 Dose geschälte Tomaten
Salz, Zucker
wenn verfügbar, etwas frischer Thymian, sonst 1/2 TL getrockneter Oregano oder »Pizza-Kräuter«

Zubereiten: ca. 60 Minuten
Kochen: ca. 30 Minuten
Kosten: ca. 7,00 € / Portion ca. 1,75 €

Semmel, Brot oder Semmelbrösel in etwas Wasser einweichen.

Behutsam 8 Blätter vom Kohl ablösen. Mit etwas Fingerspitzengefühl funktioniert das auch beim rohen Kohl. Leichter geht es, wenn Sie den unzerteilten Kohlkopf vorher 5 Minuten in Wasserkochen. Stark hervorstehende Rippen mit einem scharfen Messer abflachen.

Zwiebel für Fleischfüllung sowie Zwiebel für Tomatensauce hacken und in einem Topf in 2 EL Öl anbraten.

Eingeweichtes Brot ausdrücken. Die Hälfte der Zwiebelmasse aus dem Topf nehmen und zusammen mit Brot, Fleisch, Ei, Majoran und 1 TL Salz gründlich vermengen. Tomaten in den Topf zu den verbliebenen Zwiebeln geben.

Die Kohlblätter ausbreiten und jeweils in die Mitte etwas Fleischmasse setzen. Die Kohlblätter zuerst von den Seiten her über dem Fleisch zusammenschlagen, dann der Länge nach zu einem Päckchen aufrollen.

Restliches Öl in einen Topf, in dem die Rouladen gerade eben Platz haben, erhitzen. Die Kohlrouladen mit der offenen Stelle nach unten in den Topf legen. Bei milder Hitze anbraten.

Tomaten mit der Gabel zerdrücken. Mit Salz und Zucker würzen, Kräuter dazugeben.

Tomatensauce über die Kohlrouladen gießen. Deckel schließen und die Rouladen in der Sauce etwa 30 Minuten garen.

Gut dazu:

Salzkartoffeln oder Kartoffelpüree.

Buletten, Frikadellen, Fleischpflanzl, Fleischlaiberl

Fotos Seite 114 + hintere Umschlagseite, untere Reihe, 2. von rechts

Wenn das Geld knapp ist und der Jieper auf Fleisch unbezähmbar, heißt die Lösung zuverlässig: Hackfleisch. Urdeutsch als Bulette / Frikadelle / Fleischpflanz(er)l, samt Orient-Flair als Köfte, mit Balkan-Assoziationen als Cevapcici.

Grundsätzlich ist ja aus Gründen der Energieersparnis die Pfanne dem Backofen vorzuziehen; und wenn es darum geht, zwei oder drei Buletten in die Pfanne zu hauen, mache ich das auch so. Ausnahme: wenn viele Gäste zu versorgen sind. Dann forme ich ganz viele Mini-Klöpschen, kaum größer als Kirschen, setze sie auf ein Backblech und lasse sie im Rohr brutzeln. Das erspart mir stundenlanges Stehen am Herd, ich brauche kein Bratfett, es geht nicht die Hälfte der Zwiebeln in der Pfanne verloren, und es riecht weniger. Da ich für die Menge, die ich auf einem Blech unterbringe, mehrmals nacheinander die Pfanne bedienen müsste, ist die Backofen-Bilanz in diesem Fall vielleicht gar nicht mal so schlecht.

Weil das übliche Ei dazu dient, den Fleischteig zusammenzuhalten, die Klopse aber auf dem Backblech gar nicht auseinanderfallen können, brauchen Sie bei der Backofen-Variante kein Ei.

Die Fleischpflanzl sind auch kalt, mit etwas Senf, ein Hochgenuss und in Scheiben geschnitten ein toller Brotbelag; deshalb lohnt es sich, gleich ein paar mehr zu machen.

8-12 große Fleischplanzl oder 30-40 Mini-Frikadellen

400 g gemischtes Hackfleisch oder Rinderhack
5 EL Semmelbrösel (»Paniermehl«) oder etwas altbackenes Weißbrot
1 große Zwiebel
Knoblauch nach Belieben
1 TL Majoran

1 Ei
1 TL Salz
4 EL Öl

Zubereiten: ca. 45 Minuten
Kosten: ca. 5,00 € / ca. 0,40-0,60 € für eine große Bulette /
0,12-0,18 € für einen Winzling

Brot oder Semmelbrösel in etwas Wasser einweichen. Zwiebel und Knoblauch sehr fein hacken, in einer Schüssel mit dem Fleisch mischen, Semmelbrösel oder ausgedrücktes Brot und Ei dazugeben. Mit Majoran, Salz und Pfeffer kräftig würzen. Kräftig durchmischen, am besten geht das mit den Händen. Mit angefeuchteten Händen Buletten in der gewünschten Größe formen.

Reichlich Öl in der Pfanne erhitzen, die Fleischpflanzl darin von beiden Seiten brutzelbraun braten.

Würzvarianten

Wenn ich die winzigen Klöpschen mache, teile ich den Fleischteig in drei Portionen. In eine kommt, als mediterrane Würze, ein Löffel fein zerriebener Oregano oder Kräuter der Provence. Ein paar feingehackte Kapern und ein, zwei Sardellen reichern die nächste an. Der dritten Portion verleiht Kreuzkümmel eine orientalische Note. Zur Unterscheidung forme ich eine Sorte zu Kügelchen, die nächste zu flachen Talern und die dritte zu länglichen Teilchen.

Beilagen:

Mit Salzkartoffeln und gekochten Möhrenscheiben mit etwas Butter ein prima Essen.

Hühnchen

Dreihundert Meter von dort, wo ich wohne, findet regelmäßig donnerstags ein Wochenmarkt statt. Mit Obst-, Gemüse-, Fisch- und Käseständen. Auch ein Biostand ist da, der anscheinend einer versponnenen Sekte gehört. Und der Mann mit den Grillhähnchen. Der Duft, der dem Grillwagen entströmt, ist intensiv. Er wabert über den ganzen Platz, zieht vorbei an den Straßencafés und legt sich über den Spielplatz. Vermutlich kann man ihn auch aus der vorbeifahrenden Tram noch erschnuppern.

Dieser Duft macht mir schwer zu schaffen. Denn ich liebe Brathähnchen, und es kostet mich gewaltige Überwindung, dort nicht schwach zu werden. Drei Euro kostet die gebrutzelte Hälfte so eines armen Huhns – und dass es zu Lebzeiten ein sehr armes Huhn war, wissen wir alle. Ach, wärst du doch ein Freilandhuhn gewesen, denke ich jedesmal, dann würde ich dich auf der Stelle verspeisen.

Eine Zeitlang bin ich, um mich abzureagieren, regelmäßig an den Stand gegangen und habe den Mann gefragt, woher die Hühner kämen und ob man denn nicht demnächst Freilandhühner anbieten wolle, ich wäre sicher nicht die einzige, die das begrüßen würde, und damit könne er doch auch ein gutes Geschäft machen. Irgendwann kam ich mir dabei ziemlich nervig vor. Der Verkäufer fand mich vermutlich schon beim ersten Mal nervtötend.

Auch mein zaghafter Versuch, die in der Schlange Wartenden auf das Unglück der armen Hühner aufmerksam zu machen, hatte nicht den gewünschten Erfolg. Statt dass alle nun ebenfalls den Hendlbrutzler aufforderten, in Zukunft doch bitte Freilandhühner herbeizuschaffen, schauten sie indigniert, und mir schien, dass es besser wäre, mich aus dem Staub zu machen. Seitdem bemühe ich mich, einen großen Bogen um den Brathuhn-Stand zu machen. Doch der Geruch begleitet meine Donnerstagnachmittage. Ich bemühe mich redlich, ihn penetrant statt verlockend zu finden. Keine leichte Übung.

Bleibt nur, hin und wieder zu Hause ein Stück Huhn zu genießen.

Hühnerflügel aus dem Backofen

Nein, die Flügel – neudeutsch: Chicken Wings – sind nicht das Edelste vom Huhn. Aber jedes Huhn hat nun mal zwei davon. Da ist es doch sinnvoll, die vielen Hühnerflügel, welche übrigbleiben, wenn Brust und Keule an die wählerische Kundschaft gebracht sind, ebenfalls hierzulande zu verbrauchen und sie nicht nach Afrika zu exportieren, wo sie nur als unfaire Billigkonkurrenz die dort ansässigen Geflügelbauern ruinieren.

Vorteil für Sie, wenn Sie knapp bei Kasse sind: Die Flügel kosten nicht viel, und wenn Sie sie knusprig braten oder backen, machen die Teilchen durchaus was her.

Die einfachste Methode: Zwischen Backofenkartoffeln *(Rezept Seite 117)* gesalzene, mit Öl beträufelte und mit etwas Paprikapuder bestreute Hühnerflügel legen und mitbacken, dauert dann etwas länger, macht aber nicht mehr Arbeit. Sehr schlicht, sehr gut!

Hier eine etwas raffiniertere, nordafrikanisch angehauchte Variante:

Für 4 Personen

8 Hähnchenflügel
2 Knoblauchzehen
1 TL Salz
Saft von 1 Zitrone
1 TL Paprikapulver
1 TL Kreuzkümmel, gemahlen
4 Kartoffeln
2 Zwiebeln
2 EL Öl
250 ml Hühner- oder Gemüsebrühe oder halb Brühe, halb Wein

Zubereiten: ca. 30 Minuten
Garen: ca. 40 Minuten
Kosten: ca 10,00 € / pro Person ca. 2,50 €

Knoblauch sehr fein hacken, mit Salz bestreuen und mit der Breitseite einer Messerklinge zu einer Paste verreiben. Die Hälfte des Zitronensafts dazugießen, mit Paprika und Kreuzkümmel verrühren. Die Hühnerflügel mit dieser Würzmischung bestreichen.

Die Kartoffeln schälen und in Würfelchen schneiden, die Zwiebeln häuten und vierteln.

Den Backofen auf 180 Grad stellen.

Das Öl in eine feuerfeste Form gießen und Hühnerflügel, Kartoffelwürfel und Zwiebelviertel darin verteilen. Wein / Brühe dazugießen. Etwa 40 Minuten schmurgeln lassen.

Darf es etwa mehr sein?

Wenn Sie eingelegte Salzzitronen haben *(Rezept Seite 50)*, nehmen Sie eine halbe Zitrone und hacken sie in feine Würfelchen, die Sie über die Flügel streuen. Im Gegenzug salzen Sie das Fleisch so gut wie gar nicht. Die Kombi Huhn und Salzzitrone ist überirdisch gut!

Hühnchencurry

Foto Seite 119

Ein ähnliches Problem wie mit den Brathendl-Ständen habe ich mit asiatischen Restaurants. Wenn ich mal mit Freunden beim Inder / Thai / Afghanen / Vietnamesen lande, läuft mir zwar beim Lesen der Speisekarte, Abteilung Huhn (oder Ente oder Rind), das Wasser im Mund zusammen. Schließlich bestelle ich dann aber doch nur Gemüsecurry oder Ähnliches. Die anderen auch, nachdem ich ihnen erfolgreich den Appetit auf das angebotene Fleisch vermiest habe. (Vermutlich mag bald keiner mehr mit mir essen gehen.)

Sehnsüchtig warte ich auf den Tag, an dem der erste Inder / Thai / Afghane / Vietnamese in München glaubhaft versichert, dass das Fleisch in seiner Küche aus artgerechter Haltung stammt. Was bis jetzt leider nirgends der Fall ist. Und woher die Hühnchen fürs Fünf-Euro-neunzig-Essen-Sie-soviel-Sie-wollen-Mittags-Menü kommen – darüber braucht sich keiner Illusionen zu machen.

Hühnchencurry gibt's also nur zuhause. Zum Beispiel dieses schnelle, unkomplizierte, indisch inspirierte, für das Sie ein kleines Stück Hähnchenbrustfilet sowie Tandoori-Paste benötigen (Tandoori bzw. Tanduri heißen die traditionellen indischen Lehmöfen, in denen Fleisch geschmort wird).

Dieses Gericht ist durch das Hähnchenfilet und die exotische Paste teurer als die meisten anderen in diesem Buch. Trotzdem bietet das Rezept die Möglichkeit, für vergleichsweise wenig Geld ein attraktives, schnelles und hochwertiges Gastmahl zuzubereiten.

Für 2 Personen

200 g Langkornreis (Patna oder Basmati)
Salz
1 kleines Hähnchenbrustfilet, ca. 120 g
1-2 Karotten

1 kleine Stange Lauch
2 EL Öl
1 EL Tandoori-Paste
1 Becher (200 g) Sauerrahm

Kosten: ca. 5,00 € / pro Person ca. 2,50 €
Zubereiten: ca 20 Minuten

Den Reis in leicht gesalzenem kalten (spart Energie!) Wasser aufsetzen, aufkochen und auf kleinster Flamme zu Ende garen.

Währenddessen Fleisch, Karotte(n) und Lauch in sehr feine Streifen bzw. Ringe schneiden.

Das Fleisch in Öl kräftig anbraten, Gemüse hinzufügen und Tandoori-Paste und Sauerrahm unterrühren. Bei niedriger Temperatur etwa 10-12 Minuten garen.

Wenn der Reis gar ist, abgießen und zusammen mit dem Curry anrichten.

Das Suppenhuhn

»Bio für wenig Geld« und Brathuhn finden nicht auf dem selben Planeten statt. Der Preis für ein solches Tier liegt nicht allzuweit unterhalb der 20-Euro-Marke, und am liebsten würde man es sich nur zu zweit teilen – wodurch es in die Kategorie verschärfter Luxus aufsteigt. Auch zu viert genossen ist es nicht direkt günstig. Wenn man sich ganz doll bescheidet und sich sechs Esser so ein Brathuhn teilen, sind das immer noch 3 Euro oder mehr für jeden, wohlgemerkt nur für den Fleischanteil bei den Zutaten. Damit entspricht es leider nicht dem Motto »Arm aber Bio!«

Also habe ich ein Suppenhuhn besorgt – das hat knapp unter zehn Euro gekostet –, um heraufzufinden, ob damit ein paar gute, günstige Gerichte zu zaubern sind.

Als erstes ist da, logisch, die Hühnersuppe. Eine frisch gemachte Hühnersuppe schmeckt nicht nur wunderbar, ihre wohltuende Wirkung ist sozusagen amtlich. Auch Schulmediziner halten es nämlich mittlerweile für erwiesen, dass diese Suppe bei Erkältungskrankheiten hilft. Nur warum das so ist, hat die Wissenschaft noch nicht herausgefunden. Wie schön, dass es noch Geheimnisse gibt. Ein weiteres Geheimnis des Suppenhuhns wird auf Seite 178 enthüllt.

Hühnersuppe

(Foto Seite 122)

Für mindestens 6 Teller Suppe

1 Suppenhuhn
1-2 Karotten
1 Stückchen Sellerie
1 kleine oder 1/2 Lauchstange (dann mit der anderen Hälfte
z.B. Kartoffel-Lauch-Gemüse machen, siehe Seite 120)
5 Pfefferkörner
evtl. 1 Lorbeerblatt
1 Zwiebel
Salz
Utensilien: ein Topf, in dem das Huhn bequem Platz hat

Zubereiten: ca. 20 Minuten
Köcheln: ca. 2 Stunden
Kosten: ca. 11,00 €

*Wenn man davon ausgeht, dass Sie den größten Teil des Fleischs
anderweitig verwenden, z.B: das Brustfleisch für Salat wie auf Seite
179 beschrieben und die Hälfte des übrigen Fleischs beispielsweise
für Frikassee, bleibt für die Suppe mit etwas Fleisch ein Betrag von
ca. 4,50 € / 0,75 € pro Portion. Wenn alles Fleisch in der Suppe
bleibt, wird die entsprechend gehaltvoller und teurer: Dann kostet
der üppig mit Fleisch bestückte Teller Suppe ca. 1,80 €.*

Das Huhn kalt abspülen und in den Topf legen. Bis zwei Fingerbreit unter den Rand mit kaltem Wasser auffüllen, zum Kochen bringen. Karotte, Sellerie und Lauch putzen und zusammen mit Pfeffer und Lorbeer dazugeben. Wer mag, gibt jetzt schon ein bisschen Salz dazu, Sie können aber auch bis zum Schluss warten und erst die fertige Suppe salzen.

Von der Zwiebel nur die äußerste, schmutzige Haut entfernen, ansonsten ungeschält quer halbieren und mit den Schnittflächen in einer Pfanne ohne Fett oder direkt auf der Herdplatte rösten, bis die Schnittfläche schwarz wird. Diese ungeschälten, schwarzgerösteten Zwiebelhälften ebenfalls in den Suppentopf befördern.

Wenn das Wasser kocht, Hitze reduzieren und die Suppe nur sanft köcheln lassen. Nach und nach wird immer mehr grauer Eiweißschaum aufsteigen, den Sie mit einem Schaumlöffel, notfalls mit einem Suppenlöffel, wegnehmen können. Sie müssen nicht jedes Fitzelchen akribisch entfernen, es reicht, wenn Sie größere Schauminseln herausheben.

Je nachdem, wie groß und wie alt das Huhn ist, braucht es zwischen eineinhalb und zweieinhalb Stunden, bis es gar ist. Dass es gar ist, merken Sie daran, dass sich die Keulen widerstandslos ablösen lassen.

Das Huhn aus dem Topf heben und auf einem großen Teller soweit abkühlen lassen, dass Sie es problemlos anfassen können. Dann die Haut abziehen (**Halt!** Bevor Sie die Haut wegwerfen, bitte erst die nächste Seite lesen!) und das Fleisch von den Knochen lösen.

Tipp:

Reis oder Suppennudeln bitte nicht in der Brühe, sondern in einem Extratopf in Salzwasser kochen, damit die Brühe nicht trüb wird.

Darf es etwas mehr sein?

- Wer mag, kocht ein Stückchen Ingwerwurzel in der Suppe mit.
- Raffiniert: in die Zwiebel zwei Nelken stecken.
- Wer es gern scharf hat, packt eine Chilischote dazu.
- Ein oder zwei Tomaten machen den Geschmack noch runder.

Knusperhaut

Für manche – ich zähle mich auch zu den Fans – ist das Schönste am Brathuhn die knusprige Haut. Das Suppenhuhn hingegen habe ich mit diesem Genuss nie in Verbindung gebracht, sondern die gekochte Hühnerhaut – die zugegebenermaßen nicht sehr ansehnlich ist – immer zusammen mit den Knochen weggeworfen. Bis ich mich beim letzten Mal endlich gefragt habe, ob das – Stichwort »Ganzheitlichkeit« – wirklich sinnvoll ist.

Also habe ich die Hautstücke versuchsweise in Streifen geschnitten, trockengetupft, gesalzen und in einer Pfanne ohne weiteres Fett gebrutzelt. Das Ergebnis hat mich fast umgehauen: So knusperkross wie diese gebratenen Hautteile kriegt man Hühnchen sonst kaum.

Nie, nie wieder werde ich die Haut eines gekochten Huhns wegwerfen! Auf einmal finde ich es auch gar nicht mehr schlimm, dass Brathuhn so teuer ist, schließlich kenne ich jetzt das knusprige Geheimnis des Suppenhuhns.

Der Preis des Huhns

Um Preisangaben bei den folgenden Rezepten machen zu können, musste ich für die einzelnen Teile des Huhns einen Preis festsetzen.

9,70 Euro hat das Huhn – ein stattliches Kaliber – gekostet. Die beiden Brustfilets habe ich mit jeweils 2,50 Euro bewertet, das übrige ausgelöste Fleisch mit 3 Euro angesetzt, Bleiben 1,70 Euro, die ich für die wunderbare Brühe rechne. Die Superknusperhaut wäre demnach gratis.

Das sind völlig willkürliche Festlegungen, man könnte den Gesamtpreis auch völlig anders verteilen. Das ist aber egal, es geht ja nur darum, dass Sie nachvollziehen können, wie die Preisangaben der jeweiligen Gerichte entstanden sind.

Geflügelsalat mit Champignons und Frühlingszwiebel

Foto Seite 122

Im Salat macht sich das gekochte Brustfleisch am schönsten, weil es sich in adrette Streifen schneiden und dekorativ anrichten lässt.

Für 2 Personen

1 gekochtes Hühnerbrustfilet
1 Orange
1 sehr kleiner oder 1/2 Chinakohl
4 Champignons
1 Frühlingszwiebel
4 Kirsch- bzw. Cocktailtomaten
evtl. ein Stückchen Chilischote

Dressing:
1/2 Becher (100 g) Sauerrahm
3 EL Olivenöl
1 TL Senf
Salz, Pfeffer

Zubereiten: knapp 15 Minuten
Kosten: ca. 4,80 € / pro Person 2,40 €

Die Zutaten für das Dressing miteinander verrühren.

Orange, Gemüse und Salat putzen und in Stückchen bzw. Streifen, Scheibchen oder feine Ringe schneiden. Alles auf einer Platte oder portionsweise auf Tellern anrichten.

Das Hühnerfleisch in Streifen schneiden und auf dem Salat drapieren. Mit dem Dressing übergießen.

Gut dazu: Baguette oder in der Pfanne gebackenes Fladenbrot *(Rezept Seite 24)*.

Hühnerfrikassee

Foto Seite 122

Das gute alte Frikassee ist ein wenig aus Mode gekommen. Da es aber eine hervorragende Möglichkeit ist, im Handumdrehen aus etwas gekochtem Huhn ein ansehnliches Gericht zu zaubern, wollen wir es hiermit wiederbeleben. Ein bisschen moderner allerdings als in den Sechzigern üblich. Damals enthielt es Dosenchampignons und Dosenspargel. Den Spargel lassen wir ganz weg, weil zu teuer. Dafür kommen ein paar frische Champignons hinein. Und weil ich Kapern liebe, kommen davon auch ein paar ins Frikassee.

Für 2 Personen

1 kleine Zwiebel
1 EL Butter
150 g gekochtes Hühnerfleisch
3 Champignons
1 EL Mehl
wenn möglich, 200 ml von der Hühnerbrühe, in dem das Huhn gekocht wurde. Falls die schon alle ist, Brühe aus Gemüsebrühwürfel
1 TL Senf
1 EL Essig, Sorte egal
1 EL Kapern
Salz, Pfeffer

Zubereiten: ca. 20 Minuten
Kosten: ca. 3,00 € / pro Person ca. 1,50 €

Die Zwiebel fein würfeln und in Butter andünsten. Inzwischen das Hühnerfleisch in mundgerechte Stückchen zerteilen, die Champignons putzen und in Scheibchen schneiden.
Das Mehl über die Zwiebelwürfel stäuben, sanft anrösten und mit

180

der Brühe übergießen. Gut rühren, damit keine Klümpchen bleiben. Champignons und Fleisch in der Sauce erwärmen. Senf und Essig unterrühren, Kapern dazugeben, mit Salz und Pfeffer abschmecken.

Beilage:

Reis. Wenn Sie für Suppe vorausschauend etwas mehr Reis gekocht haben, machen Sie den in ein paar Löffeln Hühnerbrühe warm.

Chinakohlpfanne mit Huhn und Kokos
Foto Seite 119

Immer noch ist Fleisch vom Suppenhuhn übrig, außerdem ein halber Chinakohl, 2 Champignons und eine halbe Lauchstange, die verwertet werden wollen.

Im Bioladen habe ich außerdem erst kürzlich »Creamed Coco« entdeckt, Kokos nicht in der Dose, sondern in gepresster fester Form. Davon lässt sich einfach ein Stückchen abschneiden, der Rest wartet geduldig auf den nächsten Einsatz – im Gegensatz zu Kokosmilch, die rasch verdirbt, wenn sie nicht nicht gleich aufgebraucht wird.

2 Portionen
1 Handvoll gekochtes Hühnerfleisch
1/2 Chinakohl
1 Karotte
2 Champignons
1 Stückchen Chilischote
1/2 Stange Lauch
1/3 Packung (50 g) Creamed Coco oder eine kleine Dose (100 ml) Kokosmilch
wenn möglich 100 ml Hühnerbrühe, sonst etwas Gemüsebrühe
Salz, Pfeffer oder Cayennepfeffer

Zubereiten: *knapp 15 Minuten*
Kosten: *ca. 3,60 € / pro Person 1,80 €*

Das Fleisch in mundgerechte Stückchen zerteilen. Den Chinakohl in Streifen, die Karotte in sehr dünne, die Champignons in dickere Scheiben, Chilischote und Lauch in hauchfeine Ringe schneiden.

In einer Pfanne die Kokoscreme erhitzen, die Brühe dazugießen. Das zerkleinerte Gemüse und das Fleisch hinzufügen und bei schwacher Hitze gut 3 Minuten köcheln lassen, mit Salz und Pfeffer abschmecken.

Leckeres Extra:

Ein paar Erdnüsse oder Cashew-Kerne zufügen.

Süßes / Desserts

Vegetarier haben es besonders bei süßen Sachen schwer. Annähernd die Hälfte von allem, was eine Konditorei anbietet, ist für einen Vegetarier nicht essbar, weil mit Gelatine, also Knochenmehl und Schwartenpulver, zusammengekleistert. Alle Sahnetorten, alle Puddingcremes, die Stand brauchen, beispielsweise in Bienenstich oder sahnigen Eclairs, sind üblicherweise mit Gelatine gesteift. Auch Tortenguss für Obstkuchen und -törtchen besteht aus Gelatine.

Also, ich persönlich mag meinen Nachtisch lieber ohne Knochenmehl und Schweineschwarte. Deshalb sind in diesem Buch selbstverständlich alle süßen Sachen ohne Gelatine zubereitet. Angedickt wird, wenn es denn nötig ist, mit Speisestärke. Die besteht aus Mais- oder Kartoffelmehl.

Wenn Sie Kuchen backen: Eine feine Alternative zu Tortenguss ist erwärmte Aprikosenmarmelade, bei roten Früchten auch Johannisbeergelee. Mit dem Pinsel dünn auftragen, das schützt die Früchte vor dem Austrocknen und bringt noch eine zusätzliche fruchtige Note ins Spiel.

Blitzschnelles Pfirsichdessert   Vegetarisch

Grundsätzlich mache ich gern alles selbst und kaufe am liebsten
nur noch Grundzutaten. Manchmal lassen sich aber Fertig- oder
Halbfertigprodukte, in diesem Fall Butterkekse und Vanillejoghurt,
durchaus sinnvoll einsetzen.

Hier ein ebenso leckeres wie schnelles Dessert. Im Sommer mit
Pfirsichen sehr fein, im Winter funktioniert es mit Orangen.

2 üppige oder 4 kleine Portionen

1 großer oder 2 kleine Pfirsiche
2 Butterkekse
100 ml Schlagsahne
1 Becher (150 g) Vanillejoghurt

Zubereiten: ca. 10 Minuten
Kosten: ca. 1,20 € / pro Person 0,30-0,60 €

Pfirsich(e) in dünne Scheiben oder kleine Stückchen schneiden,
die Kekse fein zerkrümeln. Die Sahne steif schlagen, mit dem
Vanillejoghurt mischen und in Schälchen verteilen. Pfirsichstücke
auf der Joghurtsahne verteilen, die Kekskrümel darüber streuen.

Orangenbiskuit mit Quarksahne *Vegetarisch*

Supereinfach und doch genial gut: Eine Handvoll Löffelbiskuits, etwas Orangensaft, Quark und Sahne ergeben ein frischfruchtiges, schmackofatziges Schlabberdessert.

4 Personen

1 Orange
8-12 Löffelbiskuits
250 g Magerquark
150 ml Sahne
2-3 EL Zucker (am besten Vanillezucker)
Zubereiten: ca. 15 Minuten
Wartezeit: ca. 30 Minuten
Kosten: ca. 2,40 € / pro Person ca. 0,60 €

Den Boden einer Schale mit den Biskuits auslegen.

Von der Orange zuerst etwas Schale abreiben, dann die Frucht halbieren und 4 hübsche kleine Scheibchen heraussäbeln. Dann die Orange auspressen und den Saft über die Biskuits träufeln. Einen kleinen Löffel Saft zurückbehalten.

Die Sahne mit dem Zucker steifschlagen und behutsam unter den Quark heben. Die Biskuits mit der Quarksahne bedecken. Den letzten Löffel Orangensaft auf die Oberfläche tröpfeln, die Orangenschale darüberstreuen. Wenigstens eine halbe Stunde durchziehen lassen. Jede Portion mit einem Orangenscheibchen garnieren.

Darf es etwas mehr sein?

Wenn Sie Orangenlikör im Haus haben, Grand Marnier, Cointreau oder womöglich gar die Bio-Variante namens Délice d'orange – und das Dessert nur für Erwachsene sein soll, träufeln Sie ein wenig davon über die Biskuits.

Rote Grütze

Beeren gehören eher nicht in die Kategorie »superbillig«. Als kleines Dessert für besondere Gelegenheiten sollten sie trotzdem mal drin sein.

Im winzigen Tiefkühlfach meines Kühlschranks schlummert – neben Butterblätterteig und Spinat – immer ein Halb-Pfund-Paket gemischte Beeren. Das kostet um die 2,40 Euro, und wenn es sich spontan ergibt, entsteht daraus innerhalb weniger Minuten ein sehr feiner Nachtisch, an dem sich vier Personen laben können.

4 Portionen

1 Paket (je nach Handelsmarke 250 oder 300 g) gemischte TK-Beeren
2 EL Zucker
1 EL Speisestärke

Zubereiten: ca. 10 Minuten
Kosten: ca. 2,60 € / Portion ca. 0,65 €

Die Beeren in einem kleinen Topf erhitzen und mit dem Zucker verrühren. Die Speisestärke mit 2 EL kaltem Wasser glattrühren und unter die Beeren mischen. Einmal aufkochen, vom Herd nehmen.

Etwas abkühlen lassen, dann in Portionsschälchen umfüllen, in denen die Grütze vollständig auskühlt.

Fein dazu:

Fast ein Muss, weil es soo gut passt, dann aber nicht mehr vegan: schnelle kalte Vanillesauce aus 100 ml Milch und 100 ml Sahne, verrührt mit 1 EL Vanillezucker.

Sabines Bratäpfel *Vegan*

November oder Dezember, die Temperaturen sinken, das Kuschel-
bedürfnis steigt. Sie würden gern ein paar nette Menschen um sich
scharen, doch eine fette Einladung ist finanziell nicht drin? Laden
Sie für Sonntagnachmittag zum Bratapfel-Essen ein. Der Aufwand
ist gering, die Freude bei den Gästen groß.

Die Äpfel: Golden Delicious ist zu fade. Boskop ist vom Aroma
her toll, aber die Haut ist arg fest. Jeder fruchtig-frische, fein-
säuerliche Apfel ist gut. Optimal: Cox Orange.

Der Nachmittag geht in den Abend über, die Gäste werden
hungrig? Mit einem großen Menü kann keiner rechnen, dazu
haben Sie ja nicht eingeladen. Aber als gute/r Gastgeber/in haben
Sie eine Suppe in petto. Und Brot. Alle sind glücklich und preisen
Ihre Gastfreundschaft!

Pro Person

2 Äpfel
1 EL Rosinen
2 EL grobgehackte Mandeln

*Utensilien: Kernhausausstecher. Ohne dieses Werkzeug wird es
mühsam. Notfalls leihen Sie ihn sich beim Nachbarn oder der Nach-
barin. Und laden ihn oder sie gleich mit ein.*

Zubereiten: ca. 10 Minuten
Backen: ca. 30 Minuten
Kosten: ca. 1,20 €

Den Boden einer feuerfesten Form, evtl. eines Topfs (ohne
Kunststoffgriffe!) gerade eben mit Wasser bedecken. Die Äpfel
säubern, das Kernhaus ausstechen und die Äpfel in die Form
setzen. In die entstandene Öffnung zuerst gehackte Mandeln,
dann reichlich Rosinen füllen, mit Mandeln abschließen. Wenn
noch Rosinen und Mandeln übrig sind, einfach zwischen die
Äpfel in die Form streuen.

In den Backofen stellen und bei 180 Grad solange backen, bis die Äpfel ganz weich und schrumpelig sind.

Auf Teller verteilen. Flüssigkeitsreste als Sauce zu den Äpfeln geben.

Darf es etwas mehr sein?

Etwas opulenter fühlen sich die Bratäpfel an, wenn Sie Vanillesauce *(Rezept nächste Seite)* dazu reichen. Beide Varianten, die gekochte wie auch die schnelle kalte Sahne-Version, sind geeignet.

Vanillesaucen / Vanillezucker Vegetarisch

1. Warme Vanillesauce

Warme Vanillesauce, etwa zu Bratäpfeln *(Seite 188)*, bereiten Sie im Prinzip zu wie Pudding – nur mit weniger Speisestärke.

500 ml Milch
30 g Vanillezucker
20 g Speisestärke (mit der doppelten Menge Stärke erhalten Sie Vanillepudding)
Zubereiten: ca. 10 Minuten
Kosten: ca. 0,70 €

Von der Milch eine Kleinigkeit abnehmen und mit Zucker und Stärke glattrühren. Übrige Milch zum Kochen bringen, Stärke einrühren, noch einmal aufkochen. Die Sauce heiß servieren.

2. Kalte Vanillesauce

Einfacher geht es nicht, und doch ist diese Sauce oberlecker, beispielsweise zu Schokopudding *(nächste Seite)*:

125 ml Milch
125 ml Sahne
2 EL Vanillezucker
Zubereiten: 2 Minuten
Kosten: ca. 0,75 €

Alles miteinander verrühren, bis sich der Zucker gelöst hat.

3. Vanillezucker

Um eine ansehnliche Menge Vanillezucker zu erhalten, mit der Sie sich lange das Leben versüßen können, füllen Sie 1 Kilo Zucker in eine Dose und fügen das ausgekratzte Mark einer Vanilleschote hinzu. Die leergeschabte Schote, die auch noch prallvoll mit Aroma ist, legen Sie, grob zerkleinert, einfach dazu. Das reicht jetzt beispielsweise, um mehr als 30 Mal Vanillesauce zu machen.

Schokoladenpudding

Vegetarisch

(Foto Seite 127)

Zu den unsinnigsten Verschwendungen gehört der Kauf von »Puddingpulver«. Das besteht nämlich lediglich aus Maisstärke und Aroma, im besseren Fall beispielsweise Vanille, im schlechteren Fall künstliches Vanillin – und im konventionellen Bereich zusätzlich aus Farbstoff.

Für 40 Gramm Packungsinhalt bezahlt man um die 79 Cent, das macht einen Kilopreis von knapp 20 Euro – und fällt somit für Sparfüchse in die Kategorie grober Unfug. Das können wir doch selber besser!

Zum Beispiel mit diesem Schokopudding, bei dem nicht Kakaopulver, sondern dunkle Schokolade zum Einsatz kommt.

4-6 Portionen

50 g Bitterschokolade
500 ml Milch
4 EL Zucker
40 g (4 schwach gehäufte EL) Speisestärke

Zubereiten: ca. 10 Minuten
Kosten: ca. 1,10 € / pro Portion ca. 0,20-0,30 €
Die Preise für Bio-Schokolade variieren stark. Besonders günstig ist sie in einem gewissen bio-affinen Drogeriemarkt.

500 ml Milch abmessen. In einer Tasse Speisestärke mit Zucker mischen und einen kleinen Teil der kalten Milch dazugießen und das Ganze schön glattrühren (genau wie Sie es von Puddingpulver gewöhnt sind).

Die übrige Milch in einem kleinen Topf erwärmen und die Schokolade darin unter Rühren auflösen. Die Stärke-Milch-Mischung dazu gießen, das Ganze einmal richtig aufkochen, vom

Herd nehmen und in eine kalt ausgespülte Schale oder in Portions-schälchen gießen.

Wenn der Pudding vollständig ausgekühlt ist, kann er gestürzt werden.

Darf es etwas mehr sein?

Unbedingt! Und zwar eine schlichte kalte Vanillesauce *(Rezept Seite 190)*.

Varianten:

Wenn eine Orange im Haus ist, etwas abgeriebene Schale mit in die Milch geben. Oder Sie verwenden gleich Bitterschokolade, die mit Orange parfümiert ist.

Kokospudding

4 Portionen

1 Dose (400 ml) Kokosmilch
2 EL Zucker
2 EL Speisestärke

Zubereiten: ca. 10 Minuten
Kosten: ca. 2,00 € / pro Portion ca. 0,50 €

Kokosmilch in einem Topf verrühren und erhitzen. Zucker und Speisestärke mit 4 EL kaltem Wasser glattrühren. Wenn die Kokosmilch kocht, die Zucker-Stärke-Mischung einrühren. Nochmal kurz aufkochen, umrühren und in eine kalt ausgespülte Schüssel gießen.

Darf es etwas mehr sein?

Kleingeschnittene Früchte sind die passende Begleitung. Besonders geeignet: Orangen, Mango oder Beeren.

Haselnusspudding

Vegetarisch

(Foto Seite 126)

Von Natur aus riechen und schmecken Haselnüsse sehr dezent. Erst durch Rösten kommt ihr betörendes Nougat-Aroma zum Vorschein. Wenn ich Haselnüsse kaufe, röste ich deshalb als erstes alle Nüsse in einer Pfanne, bis sie merklich duften, lasse sie abkühlen und packe sie anschließend in eine Dose.

Für diesen Pudding sollten die Nüsse unbedingt geröstet sein.

2 üppige oder 4 kleine Portionen

25 g geröstete Haselnüsse
250 ml Milch
2 EL Zucker
20 g (2 schwach gehäufte EL) Speisestärke

Utensilien: *Mixer oder Moulinette zum Zerkleinern der Nüsse*

Zubereiten: *ca. 10 Minuten*
Kühlen: *mindestens 3 Stunden*
Kosten: *ca. 0,60 € / pro Portion 0,15-0,30 €*

Die Nüsse im Mixer zerkleinern. Falls Sie kein Gerät zum Zerkleinern haben und deshalb gemahlene Nüsse kaufen, die gemahlenen Nüsse in einer kleinen Pfanne ohne Fettzugabe leicht rösten.

250 ml Milch abmessen. In einer Tasse Speisestärke mit Zucker und Nüssen mischen. Einen kleinen Teil der kalten Milch dazugießen und rühren, bis keine Klümpchen mehr da sind.

Die übrige Milch in einem kleinen Topf zum Kochen bringen. Die Stärke-Milch-Nuss-Mischung dazugießen. Nochmal aufkochen, vom Herd nehmen und in eine kalt ausgespülte Schale oder in Portionsschälchen gießen.

Wenn der Pudding vollständig ausgekühlt ist, kann er gestürzt werden.

Fein dazu: Schlagsahne

Kokosreis mit Zimtapfel

Vegan

(Foto Seite 126)

Veganer kommen bei Süßspeisen häufig zu kurz. Deshalb hier ein etwas opulenteres Dessert, für das Reis in Kokosmilch gekocht wird.

2 üppige Portionen

75 g geschälter Rundkorn-, Milch- oder Langkornreis. Brauner Reis sowie starkduftende Sorten wie Basmati sind nicht geeignet.
1/2 Riegel (75 g) Creamed Coco
2 EL Zucker oder Agavendicksaft
1 großer Apfel
Saft von 1/2 Zitrone
1 TL gemahlener Zimt

Zubereiten: ca. 30 Minuten
Kosten: ca. 2,00 € / Portion 1,00 €

Den Reis gut mit Wasser bedeckt zum Kochen bringen, anschließend bei schwächster Hitze ausquellen lassen. Die Kokoscreme hinzufügen und unter Rühren in den Reis einarbeiten. Mit 1 EL Zucker oder Dicksaft süßen.

Während der Reis köchelt, Apfel schälen, entkernen, in feine Stückchen schneiden und mit Zitronensaft beträufeln. In einer kleinen Pfanne zusammen mit 2-3 EL Wasser, dem übrigen Zucker bzw. Dicksaft und dem Zimt mischen und wenige Minuten auf kleinster Flamme garen. Die Äpfel sollen nicht mehr hart sein, aber noch Biss haben.

Den Kokosreis auf Dessertteller verteilen, und die Zimtäpfel daneben anrichten.

Crêpes mit Orangensauce Vegetarisch

(Foto Seite 127)

Dies ist eine stark vereinfachte Variante der Crêpes Suzette, ganz ohne Feuerzauber und Chichi und trotzdem absolut köstlich.

Aus der angegebenen Teigmenge habe ich drei dünne Pfannküchlein gebacken. Wenn Sie ganz geschickt sind – oder Ihre Pfanne sehr klein ist, schaffen Sie vielleicht sogar vier. Zwei Pfannkuchen sollten auf jeden Fall drin sein.

2-3 Portionen

Crêpes:
1 Ei
125 ml Milch
50 g Mehl
1 Prise Salz
Sauce:
1 Orange
1 EL Zucker
1 EL Butter
etwas Butter zum Braten

Utensilien: unbedingt eine beschichtete Pfanne. Sonst tun Sie sich, wenn Sie kein professioneller Crêpes-Bäcker sind, schwer, die Pfannküchlein unversehrt aus der Pfanne zu lösen.

Zubereiten: ca. 30 Minuten
Kosten ca 1,10 € / Portion 0,40-0,55 €

Aus Ei, Milch, Mehl und einer kleinen Prise Salz einen glatten Teig rühren.

Während der Teig quillt, bereiten Sie die Sauce vor. Reiben Sie die Schale der sauberen Orange ab.

Wer sich möglichst wenig Mühe machen will, presst einfach den Orangensaft in einen kleinen Topf.

Wer es etwas hübscher und mit Stückchen mag, schält die Orange so, dass die weiße Haut mit entfernt wird, am besten über dem Topf, damit der herabtropfende Saft gleich dort landet, wo er hin soll.

Wenn Sie geschickt sind im Auslösen der Filets, machen Sie das. Sonst sehen Sie zu, dass Sie das Fruchtfleisch auslösen und möglichst wenig Haut im Topf landet. Kerne bitte auch entfernen.

Abgeriebene Orangenschale, Butter und Zucker zum Saft geben. Unter Rühren aufkochen und ein bisschen einkochen lassen.

Inzwischen können Sie das erste Pfannküchlein backen. Etwas Butter in der Pfanne zerlaufen lassen und eine kleine Menge Teig einfüllen, durch leichtes Kippen und Drehen Pfanne auf dem ganzen Pfannenboden verteilen. Durch Rütteln der Pfanne können Sie feststellen, ob der Pfannkuchen sich löst und gewendet werden kann.

Dabei die Orangensauce im Auge behalten. Wenn sie leicht sämig wirkt, vom Herd nehmen.

Nacheinander so viele Crêpes backen, wie Sie mit dem bisschen Teig schaffen.

Darf es etwas mehr sein?

Wenn Grand Marnier, Cointreau oder Ähnliches im Haus ist, nur immer rauf auf die Pfannkuchen (natürlich nicht für Kinder!)

Wer es dramatisch liebt, kann selbstverständlich, wie im Vorbild, flambieren. Das ist mit Orangenlikör allerdings nicht ganz einfach, weil es ihm an Prozenten mangelt. Den Likör erst erwärmen – mit einem großen Löffel über der Flamme wie beim Bleigießen an Silvester. Dann löst sich der Alkohol heraus und sollte sich entflammen lassen.

Rotwein-Birnen

Kürzlich habe ich voller Vorfreude eine Flasche Rotwein entkorkt. Doch leider entströmte der Flasche kein betörender Duft, sondern ein hässlich-muffiger Odeur. Kork. Bei selbstgekauftem Wein wäre eine Rückgabe zu erwägen. Doch was, wenn der Wein ein Geschenk war? Da möchte man sich schließlich nicht beim edlen Spender beschweren. Was also tun mit dem garstigen Stinker?

Das Erstaunliche am Korkstinker ist, dass er beim Kochen vollständig verschwindet. Bestes Ausgangsmaterial also für den französischen Dessert-Klassiker Rotwein-Birne.

Welche Birnensorte sich dafür am besten eignet? Alle, bis auf eine: Wenn Sie nämlich eine perfekt reife, intensiv duftende Williamsbirne in Ihren Besitz gebracht haben, wäre es unverzeihlich, das gute Stück zu kochen. Essen Sie sie, sofort, bevor sie an Qualität verliert. Genießen Sie jeden einzelnen Bissen und spüren Sie dem köstlichen Geschmack nach. Sie werden sich noch manches Mal, in Gesellschaft weniger guter Birnen, danach zurücksehnen.

Jede nicht ganz so überirdisch gute Birne, solange sie nicht weich und matschig ist, ist hingegen genau richtig für dieses simple Rezept.

Da die Birnen in ihrem Rotweinsud im Kühlschrank problemlos ein paar Tage halten, hier gleich die Menge, mit der Sie die ganze Flasche korkigen Weins aufs angenehmste entsorgen können.

Als Preis für den Wein habe ich den günstigsten Bio-Rotwein zugrundegelegt: 2,99 Euro. Es ist trotzdem nicht das billigste Dessert – aber das Beste, was Sie aus einer untrinkbaren Flasche Wein machen können.

6-8 Portionen

6-8 kleinere Birnen
1 Flasche Rotwein
150 g Zucker

Zubereiten: ca. 45 Minuten
Kühlen: mehrere Stunden
Kosten: ca. 7,00 € / Portion ca. 1,00 €

Birnen so schälen, dass Haut und Blütenansatz vollständig entfernt sind, der Stiel aber noch dran ist.

Die Birnen in einen Topf legen, in dem sie gerade eben Platz haben, mit dem Wein übergießen. Den Zucker dazuschütten. Aufkochen, Hitze zurückschalten und ca. 10 Minuten köcheln lassen.

Ausschalten und die Birnen im Rotwein abkühlen lassen. Bis zum Servieren im Rotwein liegen lassen.

Darf es etwas mehr sein?

Die schönste Aromen-Ergänzung: Wenn Sie eine **Orange** herumliegen haben, reiben Sie die **Schale** in den Rotweinsud.

Alternativ können Sie, wenn Sie Wein und Birnen nicht genügend Eigenaroma zutrauen, den Sud mit einem Stück **Zimtstange**, vielleicht auch noch mit zwei, drei **Nelken** aromatisieren.

Außerdem: Ein dicker Klacks **Schlagsahne** hat noch keiner Birne geschadet.

Zwetschgenknödel

(Foto Seite 127)

Die beliebten süßen Knödel werden aus Kartoffel-, Quark- oder Grießteig hergestellt. Ich habe mich hier für eine Kombination aus Quark- und Grießteig entschieden.

Statt des üblichen Zuckerwürfels lege ich an die Stelle des Zwetschgenkerns zwei Rosinen. Die bringen auch Süße, und vor allem nehmen sie überschüssige Flüssigkeit auf – der Zwetschgenknödel suppt also nicht so leicht.

10-12 Zwetschgenknödel

250 g Magerquark
125 g Grieß
1 Ei
10-12 Zwetschgen (ca. 300 g)
16-20 Rosinen
4 EL Butter
4 TL Semmelbrösel
4 gehäufte TL Zimtzucker

Zubereiten: 15 Minuten
Kochzeit: 20 Minuten
Ruhezeit: 30 Minuten
Kosten (ausgehend von einem Kilopreis von 3,00 € für die Zwetschgen): ca. 3,50 € / 0,30-0,35 € pro Knödel
Wenn Sie die Zwetschgen gratis aus dem Garten haben, reduziert sich der Gesamtpreis um 0,90 €.

Quark, Grieß und Ei in einer Schüssel gut miteinander vermengen, die Masse etwa 30 Minuten ruhen lassen.

In der Zwischenzeit die Zwetschgen auf-, aber nicht durchschneiden, den Kern entnehmen und die Zwetschgen mit je 2 Rosinen füllen.

In einem weiten Topf Kochwasser aufsetzen. Die Hände kalt spülen, ein etwa zwetschgengroßes Stück Teig auf die Hand nehmen, zur Kugel rollen, flachdrücken, eine Zwetschge darauflegen und den Teig um die Frucht dicht schließen. So weitermachen, bis aller Teig und alle Zwetschgen aufgebraucht sind. Zwischendurch immer wieder die Hände kalt spülen, damit der Teig nicht in ihnen festklebt.

Die gefüllten Knödel mit Hilfe eines Löffels behutsam ins kochende Wasser einlegen. Das Wasser darf nicht sprudelnd kochen, sondern nur leise ziehen.

Nach ca. 15 Minuten Kochzeit in einer kleinen Pfanne die Butter schmelzen und die Semmelbrösel darin leicht anrösten.

Die Knödel aus dem Topf nehmen, kurz abtropfen lassen und auf Teller verteilen. Jeden mit etwas Butterbröseln und Zimtzucker bestreuen.

Tipp:

Bei allen Arten von Knödeln und Klößen ist es hilfreich, vorab einen winzigen **Probeknödel** zu kochen, um zu prüfen, ob der Teig die richtige Konsistenz hat. Zerfällt der Probekloß, können Sie den Teig noch korrigieren, indem Sie mehr Mehl zugeben. Erst wenn der Probekloß perfekt ist, den restlichen Teig verarbeiten.

Kartoffel-Quark-Puffer mit Zwetschgenkompott

Vegetarisch

(Foto Seite 127)

Für 2 Personen als Hauptgericht / für 4 als Nachspeise

Quarkpuffer:

250 g am Vortag gekochte Pellkartoffeln

100 g Magerquark

2 gehäufte EL Mehl (oder Grieß)

1 Ei

1 EL Zucker

abgeriebene Schale von 1 Zitrone

1 Prise Salz

3 EL Öl zum Braten

Zwetschgen-Kompott:

250 g Zwetschgen oder Pflaumen

2 EL Zucker

Außerdem:

2 EL Zimtzucker

Utensilien:

Kartoffelpresse oder Reibe

Zubereiten: ca. 35 Minuten

Kosten (ausgehend von einem Zwetschgen-Kilopreis von 3,00 €):
ca. 2,20 € / pro Person als Hauptgericht 1,10 € / als Dessert 0,55 €

Wenn Sie die Zwetschgen gratis aus dem Garten haben, reduziert sich der Gesamtpreis um 0,75 €, die Portion damit auf 0,75 bzw. 0,35 €.

Die Kartoffeln pellen und durch die Presse drücken oder mit der Gemüsereibe in eine Schüssel reiben, mit Quark, Mehl, Ei, Zucker, Zitronenschale und einer kleinen Prise Salz gründlich vermengen.

Die sauberen Zwetschgen aufschneiden und entsteinen. In einen kleinen Topf nur sowenig Wasser gießen, dass der Boden gut bedeckt ist. Die Zwetschgen und 2 EL Zucker dazugeben, zum Kochen bringen, 5-7 Minuten kochen lassen. Zur Seite stellen.

In einer beschichteten Pfanne etwas Öl erhitzen und mit einem Löffel kleine Teigportionen in die Pfanne setzen. Wenn die Teigtaler unten schön goldbraun gebraten sind, wenden und von der anderen Seite ebenfalls goldbraun braten.

Die heißen Puffer mit dem Zwetschgenkompott servieren.

Tipp:

Falls Ihnen beim Wenden ein Puffer zerfällt, ärgern Sie sich nicht. Machen Sie statt dessen aus der Not eine Tugend und reißen mit zwei Gabeln alle Puffer in Stücke, die Sie von allen Seiten rösten. Dann erklären Sie das Gericht einfach zum »Fürstlichen Topfenschmarren«.

Zimt-Grieß-Schaum mit Zwetschgenkompott Vegetarisch

Noch einmal etwas mit Zwetschgen. Von Ende August bis in den Oktober hinein sind die köstlichen blauen Früchte DAS heimische Saisonobst. Gönnen Sie sie sich so oft wie möglich, sie danken es Ihnen mit Vitaminen der B-Gruppe, mit Zink und zellschützenden Antioxidantien.

Wenn Sie jemanden kennen, der einen Zwetschgenbaum sein Eigen nennt: Tun Sie alles für diese Person! Bieten Sie Hilfe und Liebesdienste aller Art an, um im Gegenzug ein bisschen miternten zu dürfen. Frisch vom Baum sind die Früchte nämlich konkurrenzlos gut. Denn Bio hin oder her – nicht immer ist der Biss in die im Laden gekaufte rohe Zwetschge die pure Wonne, manchmal mangelt es schmerzlich an Aroma.

Was hilft: Zwetschgen erhitzen. Durch Kochen und Backen können Sie das Letzte an Aroma aus den Früchten herauskitzeln.

4 Portionen

1/4 l Milch
40 g (3 EL) Weizengrieß
2+2 EL Zucker
100 ml Schlagsahne
1 gestrichener TL Zimt
250 g Zwetschgen

Zubereiten: ca. 35 Minuten
Kosten: ca. 1,60 € / Portion ca. 0,40 €
Wenn die Zwetschgen gratis sind ca. 0,95 € / Portion ca. 0,25 €

Die Zwetschgen waschen, aufschneiden, entsteinen und zusammen mit 2 EL Zucker und 3 EL Wasser in einem kleinen Topf langsam zum Kochen bringen. Hitze reduzieren, 2 Minuten leise köcheln lassen, ausschalten und in der Restwärme zu Ende garen.

Während die Zwetschgen kochen, Milch mit Grieß und den übrigen 2 EL Zucker in einem Topf verrühren und aufkochen, dabei immer mal wieder umrühren. Nach dem Aufkochen Herd ausschalten und den Grieß ausquellen lassen, dabei ab und zu umrühren und auch den Zimt einrühren.

Wenn der Grießbrei weitgehend abgekühlt ist, die Sahne steif schlagen und locker unter den Zimtgrieß heben. Mit dem Zwetschgenkompott anrichten.

Aprikosen-Crumble

Als üppiges Dessert oder süßes Hauptgericht äußerst lecker – und soo einfach zu machen.

2 Hauptspeisen-Portionen oder 4 Desserts oder 8 Mini-Desserts

8 Aprikosen
100 g Butter + etwas Butter zum Fetten der Form
100 g Zucker
150 g Mehl

Zubereiten: ca. 10 Minuten
Backen: ca. 20 Minuten
Kosten: ca. 3,00 € / Portion 0,40-1,50 €

Eine flache ofenfeste Form buttern. Den Backofen auf 200 Grad C vorheizen.

Die sauberen Aprikosen halbieren, entsteinen und mit der Schnittfläche nach unten in die Form legen. Butter, Zucker und Mehl mit den Fingern locker zu Streuseln vermengen, über die Aprikosen geben. Backen, bis die Streusel appetitlich hell-goldbraun sind.

Varianten: Schmeckt auch mit Äpfeln oder Zwetschgen, in dem Fall jeweils 1 TL Zimt in die Streusel mischen.

Arme Ritter

Reste von Weißbrot oder Hefezopf, Toastbrot, das weg muss, oder Milchbrötchen, die nicht mehr ganz frisch sind: in Milch und Ei einweichen und ab in die Pfanne, wo sie als Arme Ritter wiedergeboren werden.

2 Portionen

2 altbackene Semmeln oder Milchbrötchen oder 4 Scheiben Toast oder Weißbrot
1 Ei
200 ml Milch
2 EL Butter oder Butterschmalz zum Braten
Zucker und Zimt zum Bestreuen

Zubereiten: ca. 20 Minuten
Kosten: ca. 1,30 € / Portion 0,65 €

Semmeln, Zopf oder Weißbrot in Scheiben schneiden. Ei mit Milch verquirlen, die Brotscheiben darin einweichen.

Etwas Butter in der Pfanne erhitzen und die Brotscheiben nacheinander von beiden Seiten knusprig brutzeln.

Mit Zucker und Zimt bestreuen.

Darf es etwas mehr sein?

Ein Apfel ist schnell kleingeschnippelt und verwandelt sich im Nu in **Apfelkompott**, das dem Ritter Gesellschaft leistet – damit er nicht mehr ganz so arm ist. Einen Apfel waschen, entkernen, in kleine Schnitze schneiden. In einem kleinen Topf mit 2 EL Wasser und 1 TL Zucker aufkochen. 3 Minuten köcheln lassen, ausschalten, im Topf abkühlen lassen. Die Armen Ritter damit bereichern.

Zwetschgenbavesen

Wenn Sie Zwetschgenmus im Haus haben, probieren Sie unbedingt die Zwetschgenbavesen, sie sind, wenn man so will, eine Art Reiche Ritter.

2 Portionen

4 Scheiben Toast- oder Weißbrot
3 EL Zwetschgen- bzw. Pflaumenmus
1 Ei
150 ml Milch
2 EL Butter oder Butterschmalz zum Braten
Zucker und Zimt zum Bestreuen

Zubereiten: ca. 20 Minuten
Kosten: ca. 1,50 € / Portion 0,75 €

Zwei Brotscheiben dick mit Zwetschgen- oder Pflaumenmus bestreichen und zusammenklappen. Anschließend, wie bei Arme Ritter beschrieben, in Eiermilch einweichen, in Butter braten und mit Zimtzucker bestreuen.

Darf es etwas mehr sein?

Kompott ist in diesem Fall nicht mehr zwingend erforderlich, da die Früchte schon eingebaut sind – aber schmecken tut's natürlich schon mit noch einer Extra-Ration eingemachter Zwetschgen oder Pflaumen.

Clafoutis mit Backpflaumen

Der Clafoutis ist eine Art im Rohr gebackener Eierkuchen aus Frankreich, klassisch ist der »Clafoutis aux cerises«, der Kirsch-Clafoutis.

Da für mich die schöne kurze Zeit der Kirschen nicht die Saison ist, in der ich mich nach gebackenen Eierkuchen sehne, ziehe ich es vor, dieses Gericht in der kühlen Jahreszeit zuzubereiten, und zwar mit Backpflaumen. Der Clafoutis schmeckt frisch und heiß aus dem Ofen; Reste munden auch kalt.

4 Portionen

etwas Butter oder Öl für die Form
200 g entsteinte Backpflaumen
4 Eier
100 g Mehl
75 g Zucker
1 kleine Prise Salz
200 ml Milch

Utensilien:
1 runde Backform von 26-28 cm Ø oder eine beliebige Auflaufform

Zubereiten: ca. 10 Minuten
Backen: ca. 30 Minuten

Die Form fetten und die Backpflaumen auf dem Boden verteilen. Den Backofen auf 180 Grad stellen.

Eier mit Mehl, Zucker und Salz glattrühren. Erst wenn kein Klümpchen mehr da ist, nach und nach die Milch unterrühren.

Den flüssigen Teig über die Backpflaumen gießen und ab in den Ofen damit. Backen, bis das Ei gestockt und der Clafoutis appetitlich goldgelb und stellenweise zart gebräunt ist.

Shortbread – schottisches Buttergebäck
Foto Seite 128

Die besonders mürben und feinen britischen Butterkekse sind sündhaft teuer. Na und? Wir müssen sie ja nicht kaufen. Sie sind gar nicht schwer zu machen und kosten dann nicht viel. Sehr geeignet auch als kleine Aufmerksamkeit für liebe Menschen.

Etwa 50 Stück

150 g weiche Butter
75 g Zucker, 1 winzige Prise Salz
250 g Mehl + Mehl zum Verarbeiten

Utensilien: 1 Bogen Backpapier in Größe des Backblechs, Handrührer
Zubereiten: ca. 20 Minuten
Wartezeit: 30 Minuten
Backen: ca. 15-20 Minuten
Kosten: ca. 1,70 €

Die Butter mit Zucker und Salz mit dem Rührgerät schaumig rühren. Nach und nach das Mehl einarbeiten. Am Ende wird der Teig sehr kompakt. In einer Schüssel zugedeckt eine halbe Stunde ruhen lassen.

Backofen auf 160 Grad stellen. Das Backpapier mit etwas Mehl bestreuen. Den Teig auf dem Papier gut 1 cm dick ausrollen. Mit der Gabel dicht an dicht Einstiche machen, sie ergeben das typische Shortbread-Muster.

Papier mit Teig aufs Blech hieven und in etwa 15-20 Minuten hellgold backen. Gegen Ende der Backzeit unbedingt ständig kontrollieren. Das Gebäck soll sehr hell bleiben. Sobald es sich leicht golden färbt, aus dem Ofen holen, noch warm in schmale, etwa 5 cm lange Streifen schneiden.

Darf es etwas mehr sein?

Abgeriebene Orangen- oder Zitronenschale verleiht den Keksen ein feines Aroma.

Orangensahnetorte

Die Torte enthält keinerlei Stützhilfen wie Gelatine oder ähnliches. Braucht sie auch nicht, denn Sie werden sie so schnell aufgegessen haben, dass sie keine Gelegenheit zum Schlappmachen hat. Etwaige Reste wären aber durchaus imstande, eine Nacht zu überleben.

Üblicherweise werden für Biskuit Eiweiß und Eigelbe getrennt voneinander geschlagen. Hier eine unkomplizierte Version, für die die Eier nicht getrennt werden müssen.

Für eine kleine Springform von ca. 20 cm Ø,
ergibt 6 Stück Kuchen

Für eine große Form von 26 oder 28 cm Ø (12 Stück Kuchen),
einfach die Zutatenmenge verdoppeln. Die Backzeit erhöht
sich dadurch nur geringfügig.

2 große Eier
75 g Zucker
1 winzige Prise Salz
75 g Mehl
1/4 TL Backpulver
20 g dunkle Schokolade

Füllung:
1 Becher (200 g) Sahne
1-2 EL Zucker
1 Orange

Utensilien: Springform, Backpapier, feine Reibe, Rührgerät
Zubereiten: ca. 50 Minuten
Backen: ca. 15-20 Minuten
Kosten: ca. 2,70 €

Einen Bogen Backpapier so zurechtschneiden, dass er den Boden der Springform gut bedeckt und sich das Papier beim Schließen der Form festklemmen lässt. Papier einspannen. Mehl und Backpulver mischen und bereitstellen. Die Schokolade reiben.

Backofen auf 180 Grad vorheizen. Die Eier in einer Rührschüssel mit dem Zucker ausdauernd rühren – mit dem elektrischen Handrührer etwa 10 Minuten, bis eine weißschaumige Masse entstanden ist, die ihr Volumen annähernd verdreifacht hat. Die geriebene Schokolade und das Mehl locker unterheben.

Biskuitmasse in die Form füllen. Backen, bis der Teig hoch aufgegangen und zart gebräunt ist. Biskuit aus der Form nehmen und einmal quer durchschneiden.

Die Orangenschale abreiben, dann den Saft auspressen. Die Sahne mit dem Zucker steif schlagen und den Orangensaft unterheben.

Die Hälfte der Orangensahne auf die untere Biskuithälfte streichen, zweite Biskuithälfte daraufsetzen und mit der restlichen Sahne bestreichen. Mit der Orangenschale bestreuen.

Wichtig:

Bitte während des Backens nicht die Küche verlassen. Womöglich heizt Ihr Backofen besonders flott, und der Biskuit ist schneller fertig als gedacht. Kann auch sein, dass es bei Ihnen länger dauert. Immer nach dem Augenschein, nicht nach der Uhr gehen. Um ganz auf Nummer Sicher zu gehen, können Sie mit einem Holzspießchen die Garprobe machen. Wenn Sie den Spieß herausziehen, darf kein Teig anhaften.

Bodenloser Käsekuchen (Quarkkuchen) Vegetarisch

(Foto Seite 126)

Als ich den Kuchen ausprobiert habe, war meine extrakleine Springform gerade unauffindbar, deshalb habe ich den Kuchen in einem Kochtöpfchen gebacken. Damit der Topf als Backform herhalten kann, darf er keine Kunststoffgriffe haben. Da sich der Topf im Gegensatz zur Springform nicht seitlich öffnen lässt, ist es wichtig, ihn sorgfältig zu fetten und mit Mehl auszustäuben, damit sich der fertige Kuchen herauslösen lässt. Wenn Sie eine Springform in der gewünschten Größe zur Hand haben, backen Sie den Kuchen doch bitte lieber darin.

Für 1 Mini-Kuchen, 6 Stück (Springform 16-18 cm)
Für eine normal große Springform von 26 oder 28 cm Ø Zutaten bitte verdreifachen

350 g Magerquark
2 kleine Eier
80 g Zucker
50 g sehr weiche Butter + Butter zum Fetten der Form
40 g Mehl + Mehl für die Form
1 Msp Backpulver
abgeriebene Schale von 1/2 Zitrone
1 EL Zitronensaft

Zubereiten: ca. 15 Minuten
Backen: Mini-Kuchen ca. 30 Minuten, großer Kuchen ca. 1 Stunde
Kosten: ca. 2,00 € für den kleinen Kuchen / 5,80 € für den großen

Alle Zutaten abmessen und bereitstellen. Die Backform mit Butter ausstreichen und mit Mehl ausstäuben.

Den Backofen auf 180 Grad stellen. In einer Schüssel Quark, Eier, Zucker, Butter, Mehl, Backpulver, Zitronenschale und -saft gut miteinander verrühren, am besten geht das mit dem Schneebesen des Handrührers.

Die Quarkmasse in die Form füllen und glattstreichen. Backen, bis die Oberfläche appetitlich goldfarben und am Rand zart gebräunt ist.

Den Kuchen etwas abkühlen lassen, bevor Sie ihn aus der Form holen. Wenn Sie den Kuchen tatsächlich in einem Topf gebacken haben, den Rand behutsam mit einem Messer lösen, einen Teller auf den Topf legen und umdrehen. Nicht wild schütteln, sondern geduldig warten, bis der Kuchen von selbst sanft auf den Teller ploppt. Dann auf einen zweiten Teller stürzen, damit die Oberseite wieder oben ist.

Darf es etwas mehr sein?

Der Kuchen schmeckt in all seiner Schlichtheit absolut perfekt. Wer mag, kann ihn trotzdem noch mit Früchten anreichern.

Rosinen sind die klassische Beigabe für Käsekuchen. Beim kleinen Kuchen einen knappen Esslöffel voll, beim großen Kuchen zwei Löffel Rosinen in den Teig mischen.

Ebenfalls beliebt: Frische Früchte aller Art. Was auch immer die Saison gerade hergibt – Apfel- oder Birnenstücke, Aprikosenhälften, Orangen- oder Mandarinenfilets, Rhabarber – mischen Sie einfach eine Handvoll der zerkleinerten Früchte in die Quarkmasse. Die Schwerkraft sorgt dafür, dass sich das Obst im fertigen Kuchen unten befinden wird.

Tipp – Fetten der Form

Die Küchenpinselhersteller haben für diese Tätigkeit eigens schicke Pinsel kreiert. Das Buttern mit dem Pinsel sieht sehr professionell aus, ist aber höchst unpraktisch, weil das Ergebnis nicht nur eine schön gefettete Form, sondern auch ein unerfreulich fettiger Pinsel ist, den zu säubern Mühe bereitet. Besser: Einen Fetzen Küchenpapier – es reicht ein Achtel Papiertaschentuchgröße – zerknüllt in Butter oder Öl tunken und damit die Form ausreiben.

Müsliriegel

(Foto Seite 130)

Unentbehrlicher Notvorrat für Süßschnäbel und Leckermäulchen.

50 g Sesam
100 g Haferflocken (»Großblatt«)
20 g geröstete Haselnüsse
50 g Honig
75 g Zucker
50 g Butter
Utensilien: *Backpapier*
Zubereiten: *ca. 30 Minuten*
Kosten: *ca. 1,80 €*

Die Haselnüsse mit einem Messer grob zerhacken. Alle Zutaten in einem kleinen Topf langsam und unter ständigem Rühren erhitzen. Nach einigen Minuten, sobald Sie das Gefühl haben, dass die Zutaten sich zu einer Masse verbinden, streichen Sie das Ganze knapp 1 cm dick auf ein Stück Backpapier, wo es abkühlen und trocknen soll.

Bevor die Masse vollständig durchgehärtet ist, mit einem großen Messer in Stückchen von der gewünschten Größe zerteilen.

Die vollständig ausgekühlten Müsliriegelchen in einer Dose aufbewahren.

Varianten:

Honig, Zucker und Butter sind die Bestandteile, die den Riegel zusammenhalten. Die übrigen Zutaten können Sie nach Herzenslust variieren: andere Nuss-Sorten verwenden, Sonnenblumenkerne dazutun oder Leinsamen, Kokosraspel oder Reisflocken, gehackte Rosinen oder geriebenen Ingwer. Je nachdem, was gerade im Haus ist oder was Sie eben am liebsten mögen.

Cantuccini – toskanische Mandelkekse   Vegetarisch

Im Original sind die italienischen Kekse steinhart, was daher kommt, dass sie zweimal gebacken werden. Es handelt sich also im Grunde um eine Art Mandelzwieback. Ich persönlich spare mir den zweiten Backgang (und damit einiges an Energie) und freue mich, dass ich die Kekse essen kann, ohne sie zuvor in bitteren Kaffee eintunken zu müssen.

Für etwa 75 Kekse

150 g Mandeln
2 Eier
150 g Zucker
1 Prise Salz
abgeriebene Schale von 1 Zitrone
250 g Mehl
1/2 TL Backpulver

Utensilien: *Schneebesen, Backpapier*

Zubereiten: ca. 45 Minuten
Backen: ca. 25 Minuten, evtl. + 15 Minuten
Kosten: ca. 3,70 €

Zuerst die Mandeln schälen: In einem kleinen Topf mit einer Tasse kochendem Wasser übergießen, kurz aufkochen, abgießen und mit kaltem Wasser abschrecken. Die Mandeln lassen sich jetzt ganz leicht mit den Fingern aus der Haut drücken. Mandeln trocknen lassen und anschließend in einer Pfanne ohne Fettzugabe rösten, bis sie hellbraune Stellen haben und duften.

Eier, Zucker, Salz und Zitronenschale mit dem Schneebesen dickschaumig rühren. Mehl und Backpulver mischen und unter die Eimasse rühren. Das ist jetzt ein ziemlich kompakter Teig. Die Mandeln hineinkneten.

Backofen auf 180 Grad stellen. Den Teig zu mehreren schmalen, baguetteähnlichen Laiben formen und auf ein mit Backpapier ausgelegtes Blech legen. Goldbraun backen, das dauert, je nach Dicke der Teigrollen und Ofen, um die 20-30 Minuten.

Die Mandelbrote aus dem Ofen nehmen, soweit abkühlen lassen, dass Sie sie, ohne sich die Finger zu verbrennen, anfassen können und schräg in 1 cm dicke Scheiben schneiden.

Für mich ist an dieser Stelle das Backen zu Ende. Falls Sie die Kekse so hart wie im Original haben möchten, legen Sie sie zurück aufs Blech – wo sie jetzt natürlich nicht mehr alle Platz haben – und backen sie in mehren Etappen nochmal etwa 15 Minuten. Jetzt haben Sie die Garantie, dass es beim Reinbeißen so richtig kracht.

Die Cantuccini vollständig auskühlen lassen, bevor Sie sie zur Aufbewahrung in eine Dose füllen.

Darf es etwas mehr sein?

Sie können das Aroma auf vielfältige Weise abwandeln: Der Mandelgeschmack lässt sich durch Zugabe von ein oder zwei gemahlenen **Bittermandeln** oder etwas Bittermandelaroma steigern.

Aber: Bitte niemals Bittermandeln in Reichweite von Kindern aufbewahren, die Dinger sind wirklich giftig (Blausäure) und nur in winzigen Mengen verträglich!

Geben Sie den Cantuccini Ihre ganz persönliche Note, indem Sie **Schokostückchen** in den Teig mischen oder geriebene **Orangenschale**, **Ingwer** oder **Kardamom** oder **Zimt**. Sie können auch **Haselnüsse** statt Mandeln nehmen – dann sind es halt keine Mandelkekse mehr, sondern Ihre ganz persönlichen Nusskekse.

Und: Sie brauchen zwar nicht unbedingt ein Getränk zum Eintunken, um die Kekse kaubar zu machen – aber wenn es sich glücklich fügt, dass Sie einer Flasche guten **Vin Santos** habhaft werden können, immer her damit! Darin eingestippt schmecken die Kekse extrafein.

Möhren-Muffins

Eine der unkompliziertesten Arten, Süßes zu backen. Der Teig ist fix gemacht, und in den Portionsförmchen sind die leckeren Törtchen ebenso fix fertiggebacken.

Für 6 größere oder 12 winzige Muffins

200 g Karotten
Saft und Schale von 1/2 Zitrone
100 g Zucker
50 ml Öl
1 Ei
1/2 TL Zimt
200 g Mehl
1/2 TL Backpulver

Utensilien:
Reibe, Muffinblech mit 6 großen oder 12 kleinen Mulden,
6 oder 12 passende Papierförmchen, 1 Holzspieß

Zubereiten: ca. 25 Minuten
Backen: ca. 12-20 Minuten
Kosten: ca. 1,80 € / Stück 0,15 oder 0,30 €

Die Karotten fein reiben und mit den übrigen Zutaten gut verrühren.

Den Backofen auf 180 Grad stellen. Die Mulden des Blechs mit den Papierförmchen auslegen. Den Teig in die Mulden verteilen und backen, bis die Muffins aufgegangen und hellgoldbraun sind. Bei den kleinen sollte es in etwa 12-15 Minuten soweit sein, bei den größeren in etwa 20 Minuten.

Wenn Sie das erste Mal backen, empfiehlt sich eine Garprobe: Stecken Sie ein Holzspießchen in eins der Törtchen. Wenn Sie es herausziehen und kein Teig anhaftet, ist es durchgebacken. Andernfalls noch etwas länger im Backofen lassen.

Wassermelonen-Sorbet

Ein tolles Hochsommer-Dessert, das im Prinzip schnell gemacht ist. Einzige Mühe: die Kerne auspulen.

6 Portionen

1 Stück Wassermelone, *etwa 600 g*
1 Zitrone
3 EL Zucker

Utensilien: Mixer oder Pürierstab

Zubereiten: *ca. 25 Minuten*
Kühlen: *ca. 3 Stunden*
Kosten: *ca. 1,80 € / Portion 0,30 €*

Das Fruchtfleisch auslösen, in kleine Stücke schneiden und dabei die Kerne entfernen. Zitronenschale abreiben und den Saft auspressen.

Melone zusammen mit Zitronensaft und -schale sowie dem Zucker pürieren und in eine flache Metallform füllen. Ins Tiefkühlfach stellen.

Alle 20-30 Minuten mit einer Gabel gründlich durchrühren, damit sich keine störenden Kristalle bilden können.

Nach etwa 3 Stunden sollte das Sorbet die richtige Konsistenz haben: gefroren, aber weit entfernt davon, steinhart zu sein.

Einladen – Menüvorschläge

Frühling

Vegan
Karottenrohkost mit geröstetem Sesam, Rezept Seite 58, Foto Seite 102
Risotto mit Tomate und Frühlingszwiebeln, Rezept Seite 108
Kokospudding, Rezept Seite 193

Vegetarisch
Radieschenblättersuppe, Rezept Seite 86
Rubens liebster Gemüsekuchen, Rezept Seite 147
Crêpes mit Orangensauce, Rezept Seite 196, Foto Seite 127

Mit Fisch / Fleisch
Lauch-Orangen-Salat, Rezept Seite 59, Foto Seite 106
Linguine mit Spinat und Gartnelen, Rezept Seite 155, Foto Seite 107
Haselnusspudding, Rezept Seite 194, Foto Seite 126

Sommer

Vegan
Panzanella – toskanischer Brotsalat, Rezept Seite 63, Foto Seite 106
Mit Couscous gefüllte Paprika, Rezept Seite 137, Foto Seite 118
Wassermelonen-Sorbet, Rezept Seite 219

Vegetarisch
Gazpacho andaluz – kalte Gemüsesuppe, Rezept Seite 74
Zucchinipuffer mit Schnittlauch-Joghurt, Rezept Seite 133, Foto Seite 110
Aprikosen-Crumble, Rezept Seite 206

Mit Fisch / Fleisch
Bruschetta, Rezept Seite 37
Rosas liebstes Fischgericht, Rezept Seite 151, Foto Seite 114
Bllitzschnelles Pfirsichdessert, Rezept Seite 185

Herbst

Vegan

Guacamole und Fladenbrot, Rezepte Seite 35 + 24

Gemüse-Couscous, Rezept Seite 135, Foto Seite 119

Kokosreis mit Zimtapfel, Rezept Seite 195, Foto Seite 126

Vegetarisch

Rote-Bete-Rohkost, Rezept Seite 57

Kartoffel-Kürbis-Gratin, Rezept Seite 128, Foto Seite 111

Zwetschgenknödel, Rezept Seite 200, Foto Seite 127

Mit Fisch / Fleisch

Apfel-Sellerie-Salat mit Räuchermakrele, Rezept Seite 154

Kohlrouladen / Krautwickel, in Tomatensauce Rezept Seite 166

Kartoffel-Quark-Puffer mit Zwetschgenkompott, Rezept Seite 202

Winter

Vegan

Tomatensuppe mit Nudeln, Rezept Seite 92

Spaghetti mit Avocado, Rezept Seite 93, Foto Seite 107

Sabines Bratäpfel, Rezept Seite 188

Vegetarisch

Kürbissuppe, Rezept Seite 77, Foto Seite 111

Krautstrudel, Rezept Seite 140, Foto Seite 122

Orangenbiskuit mit Quarksahne, Rezept Seite 186, Foto Seite 127

Mit Fisch / Fleisch

Grießnockerlsuppe mit Gemüsestreifen, Rezept Seite 85

Hühnchencurry, Rezept Seite 173, Foto Seite 119

Schokopudding aus dunkler Schokolade Rezept Seite 191, Foto Seite 126

Die Rezepte

V nach dem Rezepttitel bedeutet vegetarisch

Vn steht für vegan, also rein pflanzlich, ohne Eier, Milch- und andere tierische Produkte.

Brot / Frühstücksgebäck / Müsli / Marmelade

Kastenweißbrot **Vn** 20

Sauerteig-Vollkornbrot **Vn** 22

Frühstückszopf **V** 26

Milchbrötchen **V** 28

Zwetschgenmarmelade 29

Fladenbrot / Pizzabrot / Focaccia **Vn** 24

Frischkornmüsli **V** 31

Dips, Aufstriche, Marinaden

Avocado-Sahne **V** 34

Auberginenkaviar **Vn** 42

Auberginen-Tomaten-Aufstrich **Vn** 43

Bananenbrot **Vn** 49

Bruschetta **Vn** 37

Curry-Paste **Vn** 40

Gadofekaas – Kartoffelkäse **V** 46

Guacamole – mexikanischer Avocado-Dip **Vn** 35

Harissa – marokkanische Würzpaste **Vn** 44

Hummus – Kichererbsenpüree **Vn** 47

Karottenaufstrich **V** 44

Kartoffel-Knoblauch-Dip **Vn** 45

Maxens Kidneybohnen-Aufstrich **Vn** 48

Salzzitronen nach marokkanischer Art **Vn** 50

Schafkäse-Basilikum-Aufstrich **V** 41

Salate

Karottensalat mit geröstetem Sesam **Vn** 58

Lauch-Orangen-Salat **V** 59

Linsensalat mit Salzzitrone **Vn** 55

Nudelsalat mit Schafkäse **V** 62

Panzanella – toskanischer Brotsalat **Vn** 63

Rote-Bete-Herzen **V** 56

Rote-Bete-Rohkost **V** 57

Rotkohlsalat mit Nüssen und Schafkäse **V** 60

Salat von weißen Riesenbohnen **Vn** 65

Semmelknödelsalat **V** 66

Suppen

Brotsuppe **Vn** 81

Bunte Gemüsesuppe **Vn** 70

Gazpacho andaluz – kalte Gemüsesuppe **Vn** 74

Gemüsecremesuppe – Grundrezept **V** 68

Grießnockerlsuppe mit Gemüsestreifen **V** 85

Kartoffel-Kichererbsen-Suppe **Vn** 87

Kartoffelsuppe mit oder ohne Würstchen 75

Kürbissuppe **V** 77

Leichtes Linsensüppchen indische Art **Vn** 90

Radieschenblättersuppe **V** 86

Rumfordsuppe 79

Scharfe Sauerkrautsuppe **V** 82

Schnelle Erbsensuppe mit und ohne Krabben 72

Tomatensuppe mit gerösteten Nudeln **Vn** 92

Zwiebelsuppe **V** 84

Warme vegetarische Gerichte

Backofenkartöffelchen mit Kräuterquark **V** 117

Bandnudeln mit Auberginen und Ziegenkäse **V** 95

Blätterteigtaschen mit Paprika und Mozzarella **V** 143

Gefüllte Tomate **V** 190

Gemüse-Couscous **Vn** 135

Gemüse-Quiche **V** 192

Grünkernbratlinge mit Tomatensauce **V** 134

Karottenrösti mit Joghurt-Dip **V** 133

Kartoffel-Lauch-Gemüse, in Milch gekocht **V** 120

Krautstrudel mit Schnittlauch-Joghurt **V** 140
Kürbisgnocchi **V** 98
Kürbis-Kartoffel-Gratin **V** 128
Paprika, mit Couscous gefüllt **Vn** 137
Penne mit Paprika **Vn** 94
Pikante Blätterteigschnecken **V** 146
Ravioli mit Tofu-Spinat-Füllung **Vn** 101
Risotto mit Champignons **V** 207
Risotto mit Tomaten und Frühlingszwiebeln **Vn** 108
Rosenkohl-Kartoffel-Auflauf mit Schafkäse **V** 113
Rote-Bete-Pflanzerl **V** 129
Rubens liebster Gemüsekuchen **V** 147
Sauas Gadofegmias – Saures Kartoffelgemüse **V** 121
Schwammerl mit Knödel – Pilzragout mit Semmelknödel **V** ... 109
Spaghetti mit Avocado **Vn** 93
Spinattaschen **V** 145
Tofu-Curry **V** 97
Tomate mit Mozzarella, gebacken **V** 139
Tortilla española – Spanisches Kartoffelomelette **V** 125
Zucchinipuffer **V** 132

Fisch, Geflügel & Fleisch

Apfel-Sellerie-Salat mit Räuchermakrele 154
Buletten / Frikadellen / Fleischpflanzl / Fleischlaiberl 168
Chinakohl mit Huhn und Kokos 182
Fisch im Gemüsebett 157
Fisch-Curry mit Lauch 159
Gebratener Schweinebauch 162
Geflügelsalat mit Champignons und Frühlingszwiebel 179
Geschmorte Zwerchrippe 164
Hühnchen-Curry 173
Hühnerflügel aus dem Backofen 171
Hühnerfrikassee 180
Hühnersuppe 176
Knusperhaut vom Huhn 178
Kohlrouladen / Krautwickel in Tomatensauce 166
Linguine mit Garnelen 155

Makrelencreme 153
Rosas liebstes Fischfilet 151

Süßes

Aprikosen-Crumble **V** 206
Arme Ritter **V** 207
Blitzschnelles Pfirsichdessert **V** 185
Bodenloser Käsekuchen **V** 213
Cantuccini – toskanische Mandelkekse **V** 218
Clafoutis mit Backpflaumen **V** 209
Crêpes mit Orangensauce **V** 196
Haselnusspudding **V** 194
Kartoffel-Quark-Puffer mit Zwetschgenkompott **V** 202
Kokospudding **Vn** 193
Kokosreis mit Zimtapfel **Vn** 195
Möhren-Muffins **V** 218
Müsliriegel **V** 215
Orangenbiskuit mit Quarksahne **V** 186
Orangen-Sahne-Torte **V** 211
Rote Grütze **Vn** 187
Rotwein-Birnen **Vn** 198
Sabines Bratäpfel **Vn** 188
Vanillesauce, gekocht **V** 190
Vanillesauce, schnelle kalte **V** 190
Schokoladenpudding aus dunkler Schokolade **V** 191
Shortbread – schottische Butterkekse **V** 210
Wassermelonen-Sorbet **Vn** 219
Zimt-Grieß-Schaum mit Zwetschgenkompott 204
Zwetschgenbavesen **V** 208
Zwetschgenknödel **V** 200

Menü-Vorschläge für alle Jahreszeiten 218

Pressestimmen zu Rosa Wolffs erstem Buch:

»Erstaunlich amüsant schildert Rosa Wolff, wie sie den Spagat zwischen ihrem Anspruch und ihren finanziellen Möglichkeiten meistert. Die Rezepte werden frei Haus mitgeliefert, zudem viele Ernährungstipps, die man durchaus auch beherzigen kann, wenn man nicht arm, aber trotzdem biologisch und gesund leben möchte.« (Bayerischer Rundfunk)

»Ein amüsant geschriebener und lehrreicher Ratgeber.« (Slow Food Magazin)

»Sage noch einer, Bio könne man sich nicht leisten.« (Alnatura-Magazin)

»Richtig spannend.« (in München)

»Kritisch, nützlich – und nicht nur für Arme.« (Truderinger)

»Das Ende der Ausreden!« (Wochenanzeiger)

»Informativ, lebensnah und sehr amüsant.« (Abendzeitung)

Rosa Wolff

Arm aber Bio!

Mit wenig Geld
gesund, ökologisch und genussvoll speisen.
Ein Selbstversuch

Erfahrungsbericht
Rezepte
Tipps & Infos

Edition Butterbrot

Arm aber Bio! finden Sie bei Ihrem Buchhändler oder unter www.armaberbio.de

Foto: Wolfgang Maria Weber

Rosa Wolff: Eigentlich bin ich überhaupt nicht der sparsame Typ, im Gegenteil. Da ich aber einerseits als Freiberuflerin und lange Zeit alleinerziehende Mutter mit finanziellen Engpässen bestens vertraut bin und andererseits Kochen schon immer meine Leidenschaft war, habe ich in einem wirklich Übung: gut kochen für wenig Geld.